super gemüse

super gemüse

Emily Ezekiel
Fotos von Issy Crocker

NÄHRSTOFFE · ZUBEREITUNGSARTEN · 120 REZEPTE

at VERLAG

Inhalt

Einführung 6

Spinat und Kresse 10
Grünkohl 28
Brokkoli 46
Erbsen 64
Süßkartoffel 80
Rote und andere Bete 96
Karotten 114
Fermentiertes Gemüse 132
Tomaten 148
Zwiebeln und Knoblauch 162
Sprossen 180
Paprika 196
Blumenkohl 208

Register 222

Einführung

Seit der Zeit der Jäger und Sammler ist Gemüse ein wesentlicher Bestandteil der menschlichen Ernährung. Sein täglicher Verzehr ist aus einem einfachen Grund für uns unverzichtbar: Gemüse ist die einzige Nahrungsmittelgruppe, die unseren Körper mit allen für die Gesundheit und das reibungslose Funktionieren erforderlichen Nährstoffen versorgen kann. Es deckt unseren täglichen Bedarf an Vitaminen und Mineralstoffen, senkt nachweislich das Erkrankungsrisiko und kann vor zahlreichen chronischen Krankheiten schützen.

WARUM IST GEMÜSE SO WERTVOLL?

- Gemüse ist das ballaststoffreichste Nahrungsmittel. Ballaststoffe sorgen für eine gute Verdauung.
- Gemüse ist ein wichtiger Mineralstoff- und Vitaminlieferant und versorgt uns mit den Vitaminen A, B, C, K, Folat, Kalium, Magnesium und Calcium.
- Gemüse enthält Antioxidantien und sekundäre Pflanzenstoffe. Die sekundären Pflanzenstoffe – die Carotinoide oder Flavonoide – verleihen dem Gemüse seine leuchtende Farbe und seinen Geschmack. Sie sind in keiner anderen Nahrungsmittelgruppe enthalten.
- Gemüse enthält kein Cholesterin, und die meisten Gemüsesorten sind von Natur aus fettarm.

WIE VIEL GEMÜSE PRO TAG?

Da der Körper die meisten Vitamine nicht speichern kann, braucht es ständig eine neue Vitaminzufuhr. Weltweit geben die Gesundheitsbehörden Listen mit den empfohlenen Mindestmengen an Vitaminen und Mineralstoffen heraus (siehe folgende Seite). Diese Liste zeigt, wie wir unseren täglichen Bedarf mit natürlichen Lebensmitteln decken können. Ein gelegentlicher Blick darauf erinnert uns immer wieder daran, was unser Körper braucht und wie wir mehr Gemüse in unsere Ernährung einbauen können.

Empfohlene Tagesmenge wichtiger Vitamine und Mineralstoffe

Vitamine/ Mineral- stoffe		Durchschnittlicher Tagesbedarf (Erwachsene)		Quelle	
Vitamine A	→	800 µg	→	Karotte, Paprika, Tomate, Spinat, Brunnenkresse	
Vitamine B6	→	1,5 mg	→	Rote Bete, Süßkartoffel, Paprika, Zwiebel, Knoblauch	
Vitamine C	→	100 mg	→	Brokkoli, Paprika, Süßkartoffel, Tomate, Blumenkohl, Knoblauch	
Vitamine K	→	70 µg	→	Spinat, Brunnenkresse, Blumenkohl	
Calcium	→	1000 mg	→	Grünkohl, Rote Bete, Süßkartoffel	
Eisen	→	10–15 mg	→	Spinat, Brunnenkresse, Brokkoli, Blumenkohl, Grünkohl	
Magnesium	→	320 mg	→	Spinat, Brokkoli, Erbsen, Sprossen, Blumenkohl	
Folat	→	300 µg	→	Spinat, Brokkoli, Hülsenfrüchte, Paprika, Rote Bete	
Kalium	→	4000 mg	→	Karotte, Paprika, Rote Bete, Blumenkohl, Tomate, Süßkartoffel	
Zink	→	11 mg	→	Sprossen, Erbsen	

Bunt und vielfältig essen

Idealerweise sollten wir nach dem Regenbogen-Prinzip vorgehen und Gemüse in allen Farben und von allen möglichen Sorten essen. Botanisch werden die Gemüsesorten nach Pflanzenfamilien eingeteilt. Gemüse derselben Pflanzenfamilie enthalten sehr häufig ähnliche Vitamine, Mineralstoffe und Antioxidantien. Die in diesem Buch vorgestellten Rezepte verwenden und kombinieren Gemüse verschiedener Familien, damit der Körper mit allen wichtigen Nährstoffen versorgt wird.

Abwechslung schaffen auch unterschiedliche Zubereitungsarten. Die Rezepte in diesem Buch beweisen, dass es möglich ist, zu jeder Mahlzeit Gemüse zu essen. Man kann zum Beispiel mit einem frischen rohen Gemüsesaft in den Tag starten, mittags gibt es dann einen Salat und abends ein Gericht aus gekochtem Gemüse. Essen Sie so viel frisches Gemüse wie möglich, und variieren Sie dabei die Familien.

WARUM IST GEMÜSE SO GESUND?
Mit der Erhöhung der täglichen Gemüsemenge tun Sie Ihrem Körper Gutes. Je nach Ihrem momentanen Gesundheitszustand werden Sie die Wirkung dabei mehr oder weniger deutlich spüren.

- Gemüse enthält reichlich Ballaststoffe, die die Darmtätigkeit unterstützen.
- Der Verzehr von Gemüse senkt das Risiko von Herzerkrankungen, Diabetes und Übergewicht.
- Die im Gemüse enthaltenen Antioxidantien können Krebsrisiken vorbeugen und verringern.
- Der Verzehr von Gemüse senkt den Cholesterinspiegel und reduziert die Kalorienzufuhr.
- Vitaminreiche Lebensmittel stärken das Immunsystem und schützen vor Krankheiten.
- Vitamine verbessern die Mineralstoffverwertung des Organismus.

Spinat und Kresse

Der zur Familie der Fuchsschwanzgewächse (*Amaranthaceae*) gehörende
Spinat ist ein ausgezeichneter Eisenlieferant. Unter den Kressearten
ist Brunnenkresse die einzige, die sich auch für die warme Küche eignet;
sie gehört wie die häufiger und ganzjährig erhältliche kleinblättrige
Gartenkresse zur Familie der Kreuzblütler (*Brassicaceae*).

Inhaltsstoffe

Spinat besteht hauptsächlich aus Wasser.
100 g roher Spinat enthalten:

- das Vier- bis Fünffache
  der empfohlenen Tages-
  menge an Vitamin K
- Vitamine C, A und B1
- 115 mg Calcium
- 3,4 mg Eisen
- Magnesium
- Folate
- Ballaststoffe, Phosphor
  und Alpha-Liponsäure

100 g Brunnenkresse enthalten:

- das Doppelte der emp-
  fohlenen Tagesmenge
  an Vitamin K
- die empfohlene Tages-
  menge an Vitamin A
  und reichlich Vitamin C
- Calcium, Mangan,
  Kalium, Magnesium und
  Phosphor
- Vitamin E, B1 und B2
  (Riboflavin)
- Folate
- Ballaststoffe und
  Alpha-Liponsäure

Positive Wirkungen

Die im Spinat enthaltenen Antioxidantien sind nicht nur ein hervorragender Eisen-
und Calciumlieferant, sie senken auch den Blutdruck und tragen zur Gesundheit
des Herzens bei. Der hohe Vitamin-K-Gehalt von Brunnenkresse und Spinat ist gut
für die Knochen und fördert die Aufnahme von Calcium.

Zubereitung und Verzehr

Spinat und Brunnenkresse können roh oder gekocht, für Suppen, als Beilage,
für Pastagerichte, Eintöpfe oder Tartes verwendet werden. Gartenkresse eignet
sich nur für den Rohverzehr.

Sorten

Beide Gemüsesorten werden häufig bereits verzehrfertig angeboten. Die jungen, zarten Spinatblätter eignen sich gut für den Rohgenuss in Salaten. Hier die gängigsten handelsüblichen Formen der beiden Gemüse:

Spinat

WURZELSPINAT (Sorte »Amerika«)

BLATTSPINAT
(hier Jung-/
Babyspinat)

Brunnenkresse

BRUNNENKRESSE ist eine mehrjährige Wasserpflanze, die sowohl als Wild- wie auch als Kulturpflanze gedeiht und von September bis Mai geerntet wird.

Weitere Sorten

Es gibt verschiedene Spinatsorten, mit krausen oder glatten, abgerundeten Blättern, milder oder kräftiger im Geschmack. Daneben gibt es weitere Blattgemüse, die wie Spinat zubereitet und verzehrt werden; dazu gehören:

- **MANGOLD:** mit langen, kräftigen Stielen und großen Blättern, Blätter und Stiele in verschiedenen Farben
- **GARTENMELDE:** auch Spanischer Salat oder Spanischer Spinat genannt
- **GUTER HEINRICH** (*Chenopodium bonus-henricus*): auch als Wilder Spinat bekannt
- **LANDKRESSE:** auch Amerikanische Landkresse genannt, ähnelt in Geschmack und Aussehen der Brunnenkresse

Zubereitung von Spinat und

Gemüse	Empfohlene Zubereitungsart	Menge für 2 Pers.	Menge für 4 Pers.	Kochgeschirr	Flüssigkeitsmenge	Salz	Öl / Butter

Im Dampf

Gemüse	Empfohlene Zubereitungsart	Menge für 2 Pers.	Menge für 4 Pers.	Kochgeschirr	Flüssigkeitsmenge	Salz	Öl / Butter
Spinat	↑	↑		↑	↑	↑	↑
	ja	200 g		Dampfgarer	2 cm Flüssigkeit im Garbehälter	1 TL	1 TL
Brunnenkresse	↓	↓		↓	↓	↓	↓

Im Backofen

Gemüse	Empfohlene Zubereitungsart	Menge für 2 Pers.	Menge für 4 Pers.	Kochgeschirr	Flüssigkeitsmenge	Salz	Öl / Butter
Spinat	ja	400 g		mittelgroße Auflaufform	–	1 TL	1 EL
Brunnenkresse	nein			–	–	–	–

In der Pfanne

Gemüse	Empfohlene Zubereitungsart	Menge für 2 Pers.	Menge für 4 Pers.	Kochgeschirr	Flüssigkeitsmenge	Salz	Öl / Butter
Spinat	↑	350 g		↑	↑	↑	1 EL Erdnussöl
	ja			große beschichtete Pfanne	–	1 TL	
Brunnenkresse		200 g					1 EL Butter
	↓			↓	↓	↓	

Als Suppe

Gemüse	Empfohlene Zubereitungsart	Menge für 2 Pers.	Menge für 4 Pers.	Kochgeschirr	Flüssigkeitsmenge	Salz	Öl / Butter
Spinat	↑		↑	↑	1 l Gemüsebrühe	↑	2 EL Olivenöl
	ja		400 g	großer Topf	1,2 l Gemüsebrühe	1 TL	2 EL Butter
Brunnenkresse	↓		↓	↓		↓	

Brunnenkresse

Weitere Zutaten	Tempe-ratur	Zugedeckt garen	Dampf-garzeit	Anmerkungen
↑ 3 Knoblauchzehen, gehackt, 1 Chili, klein gewürfelt, Saft von ½ Zitrone ↓	↑ mittel ↓	↑ ja ↓	3 Min. 5 Min.	Gesund und einfach zuzubereiten. Beilage zu Fisch, gebratenem Fleisch oder Ofengemüse. Dampfgaren und mit Brokkoli, Blumenkohlreis oder in einer Suppe servieren.
400 g Dosentomaten oder 200 ml Crème fraîche und Saft von 1 Zitrone -	180 °C -	mit Alufolie abdecken -	5–8 Min. -	Zusammen mit Eiern auf Toast zum Frühstück oder mit Crème fraîche unter Pasta gerührt. Vorzugsweise dampfgaren oder in der Pfanne zubereiten.
Ingwer und Knoblauch, klein gewürfelt, Sojasauce ½ Bund Salbei, abgeriebene Schale und Saft von ½ Zitrone	mittel bis stark stark	↑ nein ↓	↑ 3 Min. ↓	Knoblauch, Ingwer und/oder Gewürze in einer großen Pfanne in Öl einige Minuten anbraten. Spinat hinzufügen und so lange dünsten, bis die Blätter zusammenfallen. Eine große Pfanne erhitzen, die Salbeiblätter in Öl knusprig braten. Zitronenschale und -saft sowie Brunnenkresse untermischen.
1 Stange Lauch, fein geschnitten, 1 Kartoffel, gewürfelt, 2 Stangen Sellerie 1 Zwiebel, fein geschnitten, 1 Süßkartoffel, gewürfelt, 1 rote Chili, 400 g Kresse, 200 ml Crème fraîche	↑ mittel ↓	↑ ja ↓	10–15 Min. 15–20 Min.	Öl in einem Topf erhitzen und das Gemüse darin anbraten. Brühe hinzugießen und 5–10 Minuten kochen. Die Spinatblätter hinzufügen und weitere 5–10 Minuten garen. Direkt servieren oder mit dem Stabmixer pürieren. Zwiebel und Süßkartoffel in einem Topf in Butter anbraten. Brühe und Chili hinzufügen. Aufkochen und zugedeckt garen, bis die Süßkartoffelwürfel weich sind. Kresse und Crème fraîche hinzugeben. Servieren.

15 Min. / 20 Min.

Spinat-Ricotta-Muffins

Für 9 große Muffins
200 g junge
Spinatblätter, grob
gehackt
1 rote Chili, entkernt
und fein geschnitten
1 Zitrone, fein
abgeriebene Schale
250 ml Milch
70 ml Olivenöl
3 große Eier
400 g Dinkelmehl
2 TL Backpulver
125 g Ricotta
Salz und Pfeffer

Den Backofen auf 180 Grad vorheizen. 9 Muffinformen mit Backpapier auslegen.

Spinat, Chili und Zitronenschale in einer Schüssel mischen. In einer zweiten Schüssel Milch und Olivenöl miteinander verquirlen, dann die Eier einzeln unter ständigem Rühren hinzufügen. Mehl und Backpulver einarbeiten. Mit Salz und Pfeffer abschmecken. Anschließend die Spinatmischung darunterheben. Den Ricotta vorsichtig ohne zu viel Rühren darunterziehen. Die Muffinförmchen zu einem Drittel mit dem Teig füllen. 20 Minuten backen. Die Muffins sollen durchgebacken und goldbraun sein.

Das Muffinblech aus dem Ofen nehmen und 2 Minuten ruhen lassen. Dann die Muffins auf ein Kuchengitter heben und abkühlen lassen. Lauwarm oder kalt genießen.

TIPP

Für eine Mahlzeit im griechischen Stil passen dazu
Tzatziki, grüner Salat und Kalamata-Oliven.

vegetarisch

Filoteigpastete mit Spinat, Kresse und Feta

Für 4–6 Personen
50 g Pinienkerne
5 große Eier
200 g Feta, zerkrümelt
1 EL getrockneter
Oregano
1 Zitrone, abgeriebene
Schale und Saft
100 g Butter,
Raumtemperatur
100 ml Olivenöl
200 g junge Spinatblätter
300 g Brunnenkresse
1 Paket Filoteig (270 g)
flüssige Butter zum Fetten
Pfeffer

Den Backofen auf 220 Grad vorheizen. Die Pinienkerne in einer
trockenen Pfanne 1 Minute bei mittlerer Hitze unter häufigem
Wenden rösten. Beiseitestellen.

In einer Schüssel Eier, Feta, Oregano, Zitronenabrieb, geröstete
Pinienkerne und Pfeffer mischen.

Die Hälfte der Butter und des Olivenöls in der Pfanne erhitzen.
Die Hälfte der Spinatblätter hinzufügen und rühren, bis sie zusam-
menfallen. Die restlichen Spinatblätter hinzugeben. Die Brunnenkresse genauso zubereiten. Dann von der Herdplatte nehmen,
beides mit dem Zitronensaft beträufeln und mischen.

Eine ofenfeste Pfanne oder Form von 24 cm Durchmesser mit Butter
einfetten. Den Boden mit einem Blatt Filoteig bedecken und dieses
mit Butter bepinseln. Den Vorgang mit den restlichen Teigblättern
und der restlichen geschmolzenen Butter wiederholen; dabei die
Blätter jeweils im Uhrzeigersinn leicht versetzt einschichten.

Spinat und Brunnenkresse unter die Eiermasse ziehen, alles auf
die Teigblätter in die Form füllen. Die Teigblätter zur Mitte hin
falten, um die Pastete zu verschließen. Die Pfanne oder Form bei
mittlerer Temperatur 5 Minuten erhitzen, dann auf der obersten
Schiene des Backofens 20 Minuten backen, bis die Pastete knusprig
und goldbraun ist.

15 Min. / 30 Min.

Dieses perfekte, cremige Curry (in Indien »Palak Paneer« genannt) eignet sich als Beilage zu gebratenem Fleisch oder für sich allein als Hauptgericht. Dazu passen hausgemachtes indisches Brot und Reis.

Indisches Curry mit Spinat und Paneer

Für 4 Personen (als Beilage)

4 EL Ghee
2 große weiße Zwiebeln, fein geschnitten
1 TL Kurkuma, gemahlen
2 TL Kashmiri-Chili, gemahlen
1 Zitrone oder mehr nach Geschmack, abgeriebene Schale und Saft
450 g Paneer (indischer Frischkäse), in 3 cm große Würfel geschnitten
500 g frischer Spinat
6 Knoblauchzehen, gerieben
1 Stück Ingwer (6–9 cm), geschält und gerieben
1 grüne Chili, grob gehackt
Salz

2 Esslöffel Ghee in einer großen Pfanne auf mittlerer Stufe erhitzen. Die Zwiebeln darin 10 bis 15 Minuten andünsten, dann in eine Schüssel geben und beiseitestellen.

Kurkuma, Chilipulver, Zitronenabrieb und -saft in einer Schüssel mischen. Den Paneer hinzufügen und darin wenden.

Den Spinat in ein Küchensieb geben, mit kochendem Wasser übergießen, anschließend kalt abspülen und ausdrücken. Auf ein sauberes Küchentuch geben und trocken tupfen.

Die restlichen 2 Esslöffel Ghee in einer Pfanne bei mittlerer Temperatur erhitzen und die Paneerwürfel darin 8 Minuten rundherum anbraten. Die Paneerwürfel aus der Pfanne nehmen und auf einem Teller beiseitestellen. Reste von der Paneermarinade in der Pfanne lassen, dann Knoblauch, Ingwer und Chili hinzufügen und unter ständigem Rühren 4 Minuten leicht anbraten.

Die Zwiebeln zusammen mit 100 ml Wasser zurück in die Pfanne geben, den Spinat und die Paneerwürfel hinzufügen. Unter Rühren noch 3 Minuten garen. Salzen und nach Belieben mit einem zusätzlichen Schuss Zitronensaft beträufeln.

Kressesuppe mit geröstetem Knoblauch und Croûtons

Für 4–6 Personen
100 ml Olivenöl
6 Knoblauchzehen,
in feine Scheiben
geschnitten
75 g Butter
2 Stangen Sellerie,
fein geschnitten
2 Zwiebeln, fein
geschnitten
400 g Kichererbsen,
aus der Dose, abgespült
und abgetropft
1½ l Gemüsebrühe
400 g Brunnenkresse
Salz und Pfeffer

Croûtons
150 g Sauerteigbrot, in
grobe Stücke geschnitten
3 EL Olivenöl
1 Zitrone, abgeriebene
Schale und Saft

Den Backofen auf 180 Grad vorheizen.

Das Olivenöl in einem Kochtopf erhitzen und den Knoblauch darin 3 Minuten anbraten, bis er knusprig und goldbraun ist. Mit einem Schaumlöffel herausheben und beiseitestellen. Die Hälfte des aromatisierten Knoblauchöls in eine Schale füllen.

Die Butter zu dem in der Pfanne verbliebenen Öl geben. Sellerie, Zwiebeln und 1 große Prise Salz hinzufügen und das Gemüse 15 Minuten garen. Kichererbsen und Brühe hinzufügen, sanft aufkochen und weitere 15 bis 20 Minuten köcheln lassen.

Für die Croûtons die Brotstücke mit Olivenöl beträufeln, mit Zitronenabrieb bestreuen, gut mischen und auf ein Backblech legen. 10 Minuten im Backofen rösten, dabei nach der Hälfte der Zeit wenden. Die Croûtons sollen goldbraun und kross sein.

2 Schöpflöffel Kichererbsen aus der Brühe entnehmen und die restliche Suppe mit dem Stabmixer oder im Mixer pürieren. Die Brunnenkresse hinzufügen und sobald die Blätter zusammengefallen sind, nochmals fein pürieren. Die beiseitegestellten Kichererbsen zurück in den Topf geben, den Zitronensaft dazugießen, abschmecken und auf Suppenschalen verteilen. Mit Croûtons und geröstetem Knoblauch garnieren, mit etwas Knoblauchöl beträufeln.

TIPP

Brunnenkresse ist reich an Vitamin K.
Zu diesem Salat passt perfekt geröstetes
oder auch knuspriges frisches Brot.

Brunnenkresse-Erbsen-Salat mit Burrata

Für 4 Personen
200 g Erbsen
2 Zweige Minze
2 Frühlingszwiebeln,
fein geschnitten
200 g Brunnenkresse
4 kleine Kugeln Burrata

Vinaigrette
4 EL Olivenöl
1 Zitrone, abgeriebene
Schale und Saft
1 EL Dijonsenf
1 rote Chili, entkernt und
fein geschnitten
Salz und Pfeffer

1 kleines Bund Minze,
die großen Blätter klein
gehackt

In einem Topf Salzwasser aufkochen. Die Erbsen zusammen
mit den Minzzweigen hineingeben und 1 Minute kochen,
dann in ein Sieb abgießen und in Eiswasser abkühlen.

Die Erbsen abtropfen lassen und in eine Schüssel geben.
Frühlingszwiebeln und Brunnenkresse hinzufügen und mischen.
Zusammen mit der Burrata auf Tellern anrichten.

Olivenöl, Zitronenabrieb und -saft, 1 Prise Salz und Pfeffer
zu einer dickflüssigen, cremigen Vinaigrette verrühren.
Die Chili hinzufügen. Den Salat mit der Vinaigrette beträufeln,
mit Minze bestreuen und sofort servieren.

TIPP   vegetarisch, nussfrei

Dieser Salat kann mit jeder Art von Gemüse und Hülsenfrüchten zubereitet werden. Für eine kohlenhydratreichere Mahlzeit mit Kartoffelstücken oder Naan (indischem Fladenbrot) servieren.

Indischer Spinatsalat mit würziger Joghurtsauce

Für 4 Personen
1 rote Zwiebel, fein gewürfelt
4 Karotten, geschält und in lange dünne Streifen gehobelt
300 g junge Spinatblätter
400 g Kichererbsen, aus der Dose, abgespült und abgetropft
1 Granatapfel, Kerne
1 Bund Koriander, fein gehackt
4 Papadams, in grobe Stücke gebrochen

Joghurtsauce
1 TL Garam Masala
1 grüne Chili, fein geschnitten
200 ml Naturjoghurt
2 EL Tamarinden-Chutney

Alle Salatzutaten in einer Schüssel miteinander vermengen.

Alle Saucenzutaten in einer kleinen Schüssel verrühren.

Den Salat auf Tellern anrichten, mit Joghurtsauce und Tamarinden-Chutney beträufeln. Sofort servieren.

Eine Reispfanne, die sich einfach und schnell mit Hühnerfleischresten zubereiten lässt. Falls Sie keine solchen Reste haben, braten Sie einfach entbeinte und enthäutete Hühnerschenkel 25 Minuten im Backofen. Anschließend das Hühnerfleisch zerkleinern und unter den Reis mischen.

Schneller Spinat-Reis mit Huhn

Für 4 Personen
500 g Basmatireis, gekocht (oder ca. 200 g roher Reis)
2 EL Ghee
2 Zwiebeln, fein geschnitten
2 EL Garam Masala
1 TL Chiliflocken
1 TL Kurkuma, gemahlen
300 g gebratenes Huhn, zerkleinert
300 g junge Spinatblätter, gehackt
1 Zitrone, Saft
Salz und Pfeffer

Zum Servieren
6 EL Naturjoghurt
1 Bund Koriander, Blätter abgezupft

Falls nicht bereits gekochter Reis vorhanden ist, den Basmatireis nach Packungsangabe kochen.

Das Ghee in einer großen Pfanne schmelzen lassen. Die Zwiebeln 10 bis 15 Minuten darin anbraten, bis sie weich sind und zu bräunen beginnen. Die Gewürze hinzufügen und 2 Minuten mitbraten. Dann das Hühnerfleisch und den gekochten Reis hinzugeben. Unter Rühren weitere 5 Minuten braten, bis alle Zutaten erwärmt sind. Falls der Reis festklebt, ein wenig Wasser dazugießen. Spinat und Zitronensaft hinzufügen, mit Salz und Pfeffer würzen, umrühren und weitere 4 Minuten zugedeckt dünsten, bis der Spinat zusammengefallen ist.

Nach Wunsch mit Joghurt und Koriander, Blättchen oder fein gehackt, garnieren.

Grünkohl

Grünkohl, englisch auch Kale genannt, gehört zur Familie der Kreuzblütler (*Brassicaceae*). Gegessen werden die krausen Blätter ohne die groben Stiele.

Inhaltsstoffe

Grünkohl ist besonders kalorienarm. Er setzt sich aus 84% Wasser, 9% Kohlenhydraten, 4% Eiweiß und 1% Fett zusammen. 100 g Grünkohlblätter enthalten:

- etwa 40 kcal
- den Tagesbedarf der Vitamine C und A
- rund das Zehnfache des täglichen Bedarfs an Vitamin K
- große Mengen an Mineralstoffen: Eisen, Calcium, Kalium und Phosphor
- zahlreiche sekundäre Pflanzenstoffe: Sulforaphan und Ferulasäure

Positive Wirkungen

Grünkohl hat einen positiven Einfluss auf den Cholesterinspiegel im Blut. Eine Studie hat gezeigt, dass bei einem täglichen Konsum von einem Glas Grünkohlsaft nach zwölf Wochen der Wert des »schlechten« (LDL-)Cholesterins im Blut um 10% gesunken und der des »guten« (HDL-)Cholesterins um 27% gestiegen war. Darüber hinaus kann Grünkohl helfen, den Blutdruck und den Blutzuckerspiegel zu regulieren.

Zubereitung und Verzehr

Grünkohl eignet sich für verschiedenste Gerichte, von Pastagerichten über Salate bis zu Sandwiches. Man kann im Backofen daraus knusprige Chips herstellen, ihn zu Saft pressen oder die Blätter hacken und sie roh, gedämpft, gekocht oder gebraten essen. Da die Blätter roh etwas zäh sind, empfiehlt es sich, die Mittelrippe zu entfernen und die Blätter mit Olivenöl einzumassieren, um sie weicher zu machen.

Sorten

Es gibt viele Arten von Grünkohl; sie unterscheiden sich alle in Geschmack und Textur. Die Sorten werden anhand ihrer Blätter unterschieden:

GRÜNKOHL (Standardsorte »Halbhoher Grüner Krauser«)

BLATTKOHL (»Peacock White«)

ROTER GRÜNKOHL

ROTER ODER VIOLETTER ZIERKOHL (verschiedene Farben, essbar, jedoch weniger schmackhaft)

WEISSER ZIERKOHL

Weitere Sorten

Neben der Standard-Handelssorte »Halbhoher Grüner Krauser« gibt es viele weitere Blattkohlarten:

- **PALM- ODER SCHWARZKOHL** (z. B. Sorten »Cavolo Nero« oder »Nero di Toscana«): mit langgestreckten, dunkelgrünen bis fast schwarzgrünen Blättern
- **HOHER ROTER KRAUSER:** mit dunkelvioletten, großen, grob gefiederten Blättern
- **OSTFRIESISCHE PALME:** bis 1,80 m hoch, mit großen, dunkelgrünen, grob gefiederten Blättern
- **WESTFÄLISCHER:** etwas niedriger und mit feiner gekrausten Blättern

Zubereitung von Grünkohl

Gemüse	Empfohlene Zubereitungsart	Menge für 2 Pers.	Menge für 4 Pers.	Kochgeschirr	Flüssigkeitsmenge	Salz	Öl / Butter

Im Dampf

Gemüse	Empfohlene Zubereitungsart	Menge für 2 Pers.	Menge für 4 Pers.	Kochgeschirr	Flüssigkeitsmenge	Salz	Öl / Butter
Grünkohl	ja	150 g		Dampfgarer	2 cm Flüssigkeit im Garbehälter	½ EL	1 EL

Im Backofen

Gemüse	Empfohlene Zubereitungsart	Menge für 2 Pers.	Menge für 4 Pers.	Kochgeschirr	Flüssigkeitsmenge	Salz	Öl / Butter
Grünkohl	ja	200 g		großes Ofenblech	-	1 TL	1 EL Öl

In der Pfanne

Gemüse	Empfohlene Zubereitungsart	Menge für 2 Pers.	Menge für 4 Pers.	Kochgeschirr	Flüssigkeitsmenge	Salz	Öl / Butter
Grünkohl	ja	200 g		große beschichtete Pfanne	-	½ TL	je 1 EL

Als Suppe

Gemüse	Empfohlene Zubereitungsart	Menge für 2 Pers.	Menge für 4 Pers.	Kochgeschirr	Flüssigkeitsmenge	Salz	Öl / Butter
Grünkohl	ja		300 g	großer Kochtopf	1,2 l Gemüsebrühe	nach Geschmack	1 EL

Weitere Zutaten	Tempe- ratur	Zugedeckt garen	Dampf- garzeit	Anmerkungen
↑ abgeriebene Schale und Saft von ½ Zitrone, 2 Knoblauchzehen, fein geschnitten und gebraten, Chiliflocken ↓	↑ mittel ↓	↑ ja ↓	↑ 7 Min. ↓	Die groben Blattrippen entfernen, die Blätter klein schneiden. Über Dampf (Garbehälter nicht überfüllen!) 7 Minuten dämpfen oder so lange, bis sie weich sind. Nicht ausreichend gegart, fühlt sich Grünkohl im Mund unangenehm an.
↑ Salz, Pfeffer, 1 Prise Fünf-Gewürze-Pulver oder andere Gewürze nach Wahl (siehe Seite 32) ↓	↑ 200 °C ↓	↑ Nein ↓	↑ 15 Min. ↓	Olivenöl mit Salz, Pfeffer und Fünf-Gewürze-Pulver mischen und die Blätter damit gründlich einmassieren. Auf einem großen Blech verteilen und 15 Minuten im Ofen backen. Dabei nach der Hälfte der Zeit wenden, damit sie gleichmäßig gegart und knusprig werden.
↑ 3 Knoblauchzehen, fein geschnitten, frisch geriebene Muskatnuss ↓	↑ mittel bis stark ↓	↑ nein ↓	↑ 5–6 Min. ↓	Knoblauch in Öl anbraten, aus der Pfanne nehmen und beiseitestellen. Nun die zerkleinerten Grünkohlblätter in die Pfanne geben, würzen und so lange dünsten, bis sie weich sind und zu bräunen beginnen. Mit dem Knoblauch bestreut servieren.
↑ 1 Zwiebel, 1 Stange Lauch, 1 Fenchelknolle, 2 Knoblauchzehen, alles klein geschnitten ↓	↑ mittel ↓	↑ nein ↓	↑ 40 Min. ↓	Öl im Topf erhitzen und darin Zwiebel, Lauch und Fenchel so lange braten, bis sie weich sind. Knoblauch hinzugeben und 1 Minute weiter dünsten. Den gehackten Grünkohl hinzufügen, mit Brühe bedecken und 30 Minuten köcheln lassen. Pürieren, abschmecken und servieren.

TIPP

vegan, glutenfrei, nussfrei

Diese gesunden, knusprigen Chips lassen sich bis zu 3 Tage in einem luftdicht verschlossenen Behälter aufbewahren, wenn sie nicht sowieso vorher schon vertilgt sind.

Grünkohl-Chips mit Gewürzsalz

Für 4 Personen
½ TL Chiliflocken
½ TL Kurkuma, gemahlen
½ TL Meersalz
½ TL schwarzer Pfeffer, grob gemahlen
200 g Grünkohlblätter, Mittelrippe entfernt, gewaschen und trocken getupft
2–3 EL Rapsöl

Den Backofen auf 120 Grad Umluft vorheizen. 2 große Backbleche mit Backpapier belegen.

Gewürze, Salz und Pfeffer in einer kleinen Schale mischen.

Die Grünkohlblätter in mundgerechte Stücke zupfen, in eine große Schüssel geben und mit Öl beträufeln. Das Öl gründlich in die Blätter einmassieren. Die Gewürzmischung hinzufügen und alles gut vermengen, bis die Blätter vollständig damit überzogen sind.

Die Blätter in einer Lage auf den Blechen verteilen und im Backofen 20 Minuten backen. Nach der Hälfte der Zeit wenden, damit sie gleichmäßig garen. Die Blätter müssen knusprig sein. Sofort servieren oder in einem luftdicht verschlossenen Behälter aufbewahren.

vegetarisch, glutenfrei

Grünkohlsalat mit Datteln und Tahini-Dressing

Für 4 Personen
150 g Grünkohlblätter,
Mittelrippe entfernt
1 Limette, Saft
1 EL Tahini (Sesampaste)
1 TL Honig
1 TL Sriracha-Sauce
(scharfe Chilisauce)
¼ TL geröstetes Sesamöl
1 EL Olivenöl
50 g Haselnüsse,
trocken geröstet
4 Medjool-Datteln,
entsteint und fein
geschnitten
Salz und Pfeffer

Die Grünkohlblätter gleichmäßig aufeinanderschichten, zusammenrollen und in sehr feine Streifen schneiden. Die Streifen in eine große Schüssel geben und mit der Hälfte des Limettensafts begießen. Salzen und von Hand gründlich vermengen, sodass der Saft gut in die Blätter einzieht.

Tahini, Honig, den restlichen Limettensaft, Sriracha-Sauce, Sesamöl und Olivenöl mit dem Schneebesen zu einer dickflüssigen Sauce verrühren. Nach und nach kaltes Wasser hinzufügen, bis ein cremiges, aber nicht zu flüssiges Dressing entstanden ist.

Den Salat anrichten. Haselnüsse, Datteln und die Hälfte des Dressings darüber verteilen. Mit Salz und Pfeffer würzen. Das restliche Dressing separat dazu reichen.

vegetarisch, glutenfrei

10 Min. / 20 Min.

Ein herzhaftes Gemüsegericht, inspiriert vom orientalischen Klassiker Shakshuka. Für die Zubereitung benötigt man nur eine Pfanne. Perfekt dazu ist warmes Fladenbrot.

Grünkohl-Tomaten-Pfanne mit Ei

Für 2 Personen

4 EL Olivenöl

3 Knoblauchzehen, fein geschnitten

4 Schalotten, fein geschnitten

10 große Tomaten, grob zerkleinert

200 g Grünkohl, klein gehackt

100 g junge Spinatblätter

4 große Eier

3 EL Dukkah (nordafrikanische Gewürzmischung)

Salz und Pfeffer

nach Wunsch gehackte rote Chili zum Servieren

Den Backofen auf 200 Grad vorheizen. Einen Backofenrost auf der mittleren Schiene einschieben.

Das Olivenöl in einer großen ofenfesten Pfanne erhitzen. Knoblauch und Schalotten bei starker Hitze 5 Minuten anbraten. Die Tomaten hinzufügen und 5 Minuten dünsten, bis sie Flüssigkeit abgeben.

Die Grünkohl- und die Spinatblätter dazugeben und so lange garen, bis der Spinat zusammengefallen ist. Die Pfanne von der Herdplatte nehmen. Mit der Rückseite eines Löffels 4 Vertiefungen bilden. Die Eier aufschlagen, in die Mulden gleiten lassen und würzen. Die Pfanne für 5 bis 8 Minuten in den Ofen stellen: Das Eiweiß soll gestockt und das Eigelb noch flüssig sein. Mit Dukkah und nach Belieben mit gehackter Chili bestreuen.

TIPP

Reste dieses Salates ergeben, ohne das Ei,
ein köstliches Mittagessen für den nächsten Tag.

vegetarisch, glutenfrei

Lauwarmer Grünkohlsalat mit pochiertem Ei

Für 4 Personen
½ Muskatkürbis oder
1 Hokkaidokürbis
(ca. 700 g), entkernt
3 EL Olivenöl
1 TL Rotweinessig
200 g Grünkohl, rote
oder violette Sorte
250 g Sprossenbrokkoli
1 Esslöffel Olivenöl
Salz und Pfeffer

Dressing
1 Orange, Saft
3 EL Olivenöl extra
vergine
1½ EL Rotweinessig
1 TL flüssiger Honig

4 große Eier
30 g Haselnüsse,
geschält, geröstet und
grob zerkleinert
1 großes Bund Kerbel

Den Backofen auf 200 Grad vorheizen.

Den Kürbis in 2 cm dicke Spalten schneiden und auf ein mit Backpapier belegtes Blech legen. Mit Olivenöl und Essig beträufeln, mit Salz und Pfeffer würzen. Im Ofen 30 Minuten backen und nach der Hälfte der Zeit wenden. Den Grünkohl mundgerecht zerkleinern, nach 20 Minuten Backzeit zum Kürbis aufs Blech geben und bis zum Ende der Garzeit mitbacken.

Eine Grillpfanne stark erhitzen. Den Sprossenbrokkoli mit Olivenöl beträufeln und in der Pfanne kurz anbräunen.

Für das Dressing alle Zutaten verrühren und abschmecken.

Wasser in einem großen Kochtopf zum Sieden bringen. Die Eier einzeln jeweils in eine kleine Schale aufschlagen, vorsichtig ins leicht siedende Wasser gleiten lassen und 3 Minuten pochieren (gar ziehen lassen): Das Eiweiß soll fest, das Eigelb noch flüssig sein. Mit einer Schaumkelle herausheben und auf Küchenpapier abtropfen lassen. Mit den restlichen Eiern ebenso verfahren.

Brokkoli, Grünkohl und Kürbisspalten mit der Hälfte des Dressings mischen und zusammen mit dem pochierten Ei auf Tellern anrichten. Mit Haselnüssen und Kerbel garnieren und das restliche Dressing separat dazu reichen.

VORBEREITEN / KOCHEN

10 Min. / 10–15 Min.

TIPP

Statt der Puffer kann man die Masse auch zu kleineren Kugeln formen, in etwas Öl braten und zu einem Salat geben oder Mini-Frikadellen als Appetithäppchen.

vegetarisch, nussfrei

Quinoa-Grünkohl-Puffer

Für 8 Bratlinge
3 EL Olivenöl
1 Zwiebel,
fein geschnitten
2 Knoblauchzehen,
zerdrückt
250 g Quinoa, gekocht
(ca. 80 g roh)
100 g Grünkohlblätter,
Mittelrippe entfernt,
grob gehackt
120 g Mehl
2 große Eier, verquirlt
1 TL Kreuzkümmelsamen,
geröstet
250 g Halloumi,
gerieben
Salz und Pfeffer

Zum Servieren
150 g Naturjoghurt
3 EL Rosen-Harissa
1 Salzzitrone,
fein geschnitten

1 Esslöffel Olivenöl in einer großen beschichteten Pfanne stark erhitzen. Die Zwiebel darin 2 bis 3 Minuten glasig dünsten. Den Knoblauch hinzufügen und 1 Minute weiterbraten. Den gekochten Quinoa in eine Schüssel geben, den Grünkohl, die Zwiebel-Knoblauch-Mischung, Mehl, Eier, Kreuzkümmel und den geriebenen Halloumi hinzufügen, würzen und alles gründlich miteinander vermengen.

Das restliche Olivenöl in einer großen Pfanne erhitzen. Aus der Quinoamischung mit den Händen 8 runde Bratlinge formen. In zwei Portionen im heißen Öl von jeder Seite 4 bis 5 Minuten braten, bis die Puffer goldbraun und knusprig sind.

Joghurt und Harissa in einer kleinen Schale verrühren. Zu den Puffern servieren und alles mit fein geschnittener Salzzitrone bestreuen.

glutenfrei, nussfrei

Schwarze-Bohnen-Suppe mit Grünkohl, Avocado und Feta

Für 4 Personen

2 EL Olivenöl

5 Knoblauchzehen, klein gehackt

1 großes Bund Koriander, Blätter abgezupft, Stängel klein gehackt

2 Limetten, abgeriebene Schale und Saft

1 TL Kreuzkümmel, gemahlen

1 EL Chilipaste

800 g geschälte Tomaten aus der Dose, grob gehackt

400 g schwarze Bohnen aus der Dose, abgespült und abgetropft

1 l Hühnerbrühe

200 g Grünkohlblätter, Mittelrippe entfernt, gehackt

50 g Feta, zerkrümelt

1 Avocado

Das Öl in einem Kochtopf erhitzen. Den Knoblauch und die gehackten Korianderstängel zusammen mit Saft und Abrieb von 1 Limette darin 3 Minuten andünsten. Kreuzkümmel und Chilipaste hinzufügen und 1 Minute weiterbraten.

Tomaten, Bohnen und Brühe hinzufügen. Zum Kochen bringen, dann die Hitze reduzieren und alles 10 Minuten köcheln lassen. Einen Teil der Bohnen mit einem Kartoffelstampfer zerdrücken, um so die Suppe etwas anzudicken.

Die Grünkohlblätter zur Suppe geben und 3 Minuten mitköcheln lassen, bis sie zusammengefallen sind. Die Avocado halbieren, schälen und in feine Scheiben schneiden. Die Suppe anrichten und mit Korianderblättchen, Feta und Avocadoscheiben garnieren. Zum Servieren eine Limettenspalte an den Tellerrand legen.

TIPP

vegetarisch, glutenfrei, nussfrei

Anstelle der Kichererbsen können auch Bohnen verwendet werden. Für ein gehaltvolleres Gericht Reis oder gebackene Süßkartoffelschnitze dazu reichen.

Grünkohl-Kichererbsen-Eintopf mit Kokosmilch

Für 4 Personen
100 ml Olivenöl
1 große Zwiebel, klein gewürfelt
5 Knoblauchzehen, gepresst
2 EL Ingwer, gerieben
400 g Kichererbsen aus der Dose, abgespült und abgetropft
2 TL Kurkuma, gemahlen
1 TL Chiliflocken
400 ml Kokosmilch
500 ml heißes Wasser oder Gemüsebrühe
300 g Grünkohl, Mittelrippe entfernt, gehackt

Zum Servieren
Naturjoghurt
fein gehackte rote Chili, nach Wunsch

Das Olivenöl in einem Topf bei mittlerer Temperatur erhitzen. Die Zwiebel darin 10 Minuten unter Rühren anbraten. Die Temperatur erhöhen, Knoblauch und Ingwer hinzufügen und 2 Minuten mitbraten. Dann die Kichererbsen beigeben und unter ständigem Rühren weitere 3 Minuten dünsten.

Kurkuma, Chili, Kokosmilch und Wasser oder Gemüsebrühe hinzugeben. Die Temperatur reduzieren und bei schwacher Hitze 20 Minuten köcheln lassen, bis die Flüssigkeit eingedickt und cremig ist. Den Grünkohl hinzufügen und weitere 5 Minuten zugedeckt garen lassen. In Suppenschalen anrichten und mit einem Klecks Joghurt und nach Belieben fein gehackter frischer Chili garnieren.

Brokkoli

Brokkoli geht auf das italienische *brocco*, dieses wiederum auf eine lateinische Wortwurzel in der Bedeutung »Schössling, Triebspitze« zurück und bezeichnet den kleinen Trieb, der am Ende des Winters am Kohl sprießt. Brokkoli ist ein Kreuzblütler und gehört zur gleichen Familie wie Kohl, Grünkohl und Blumenkohl.

Inhaltsstoffe

Roher Brokkoli besteht zu fast 90% aus Wasser, 7% Kohlenhydraten und 3% Eiweiß. Er ist ein guter Calciumlieferant und enthält weder Fett noch Cholesterin noch Gluten. 100 g Brokkoli enthalten:

- nur rund 30 kcal (gekocht 27, roh 34 kcal)
- deutlich mehr als den empfohlenen Tagesbedarf an Vitamin K
- den empfohlenen Tagesbedarf an Vitamin C
- große Mengen an Eisen, Folat, Kalium und Mangan
- viele Antioxidantien und organische Schwefelverbindungen wie Sulforaphan (Senfölglycoside)
- reichlich Ballaststoffe

Positive Wirkungen

Der hohe Sulforaphangehalt von Brokkoli wird mit einer krebshemmenden Wirkung in Verbindung gebracht. Studien haben gezeigt, dass Sulforaphan die Fähigkeit besitzt, gewisse Tumorzellen schrumpfen zu lassen und das Tumorwachstum zu hemmen. Die in Brokkoli enthaltenen Ballaststoffe fördern die Verdauung und regulieren den Blutzuckerspiegel.

Zubereitung und Verzehr

Brokkoli kann roh, gedämpft, gedünstet, gebraten oder im Ofen gebacken verzehrt werden. Er eignet sich für Suppen, in ganzen Röschen oder püriert, und sogar für Saft oder Smoothies. Er sollte nicht zu lange gekocht werden, da er sonst sowohl Bissfestigkeit wie Vitamine und Mineralstoffe verliert.

Sorten

Je nach Anbaugebiet und klimatischen Bedingungen gedeiht Brokkoli in unterschiedlichen Sorten und Varietäten. Sie unterscheiden sich vor allem in der Größe des Kopfes (eigentlich der Blütenstand) sowie der Farbe der Blätter und Blüten.

BROKKOLI Alte Sorten wie »Coastal«, »Calabrese« oder der purpurfarbenen »Rosalind« oder zahlreiche neue Hybrid-Sorten wie »Belstar«, »Destiny«, »Penta« oder die violette »Santee«

LILA SPROSSENBROKKOLI auch Sprouting broccoli genannt

CIME DI RAPA ODER STÄNGELKOHL

GRÜNER SPROSSENBROKKOLI

Andere Sorten

Es existieren noch weitere Sorten, dazu gehören:

- **RAPINI** oder **FRIARELLI**: Blätter, Knospen und Stängel sind essbar.
- **BROCCOLINI** oder **SPARGELBROKKOLI** (auch unter der Handelsbezeichnung »Bimi« zu finden) ist eine Kreuzung aus Brokkoli und chinesischem Kohl. Er hat kleine Blüten, lange Stängel und einige kleine Blätter; alle Teile sind essbar.
- **CHINESISCHER BROKKOLI**, auch unter dem Namen Kai-lan bekannt. Dieses Blattgemüse hat lange, essbare Stängel und leicht bläulich-grüne Blätter.

Zubereitung von Brokkoli

Gemüse	Empfohlene Zubereitungsart	Menge für 2 Pers.	Menge für 4 Pers.	Kochgeschirr	Flüssigkeitsmenge	Salz	Öl / Butter

Im Dampf

Gemüse	Empfohlene Zubereitungsart	Menge für 2 Pers.	Menge für 4 Pers.	Kochgeschirr	Flüssigkeitsmenge	Salz	Öl / Butter
Brokkoli	↑	½ Brokkoli		↑	2 cm Flüssigkeit im Garbehälter	↑	je 1 EL
Sprossenbrokkoli	ja	200 g		Dampfgarer		1 TL	je 1 EL
Broccolini	↓	200 g		↓		↓	1 EL Sesamöl

Im Backofen

Gemüse	Empfohlene Zubereitungsart	Menge für 2 Pers.	Menge für 4 Pers.	Kochgeschirr	Flüssigkeitsmenge	Salz	Öl / Butter
Brokkoli	↑	↑	↑	↑	↑	↑	1 EL Öl
Sprossenbrokkoli	ja	250 g		große Auflaufform	-	1 TL	1 EL Olivenöl
Broccolini	↓	↓		↓	↓	↓	1 EL Kokosöl

In der Pfanne

Gemüse	Empfohlene Zubereitungsart	Menge für 2 Pers.	Menge für 4 Pers.	Kochgeschirr	Flüssigkeitsmenge	Salz	Öl / Butter
Brokkoli	↑	↑	↑	große Brat- oder Grillpfanne	↑	1 TL	1 EL Öl
Sprossenbrokkoli	ja	300 g		große Bratpfanne oder Wok	-	1 TL	1 EL Öl
Broccolini	↓	↓		große Bratpfanne oder Wok	↓	-	1–2 EL Pflanzenöl

Als Suppe

Gemüse	Empfohlene Zubereitungsart	Menge für 2 Pers.	Menge für 4 Pers.	Kochgeschirr	Flüssigkeitsmenge	Salz	Öl / Butter
Brokkoli	ja	↑	↑	↑	↑	↑	↑
Sprossenbrokkoli	ja	1 großer Brokkoli		großer Kochtopf	1 l Gemüsebrühe	1 TL	1 EL
Broccolini	nein	↓	↓	↓	↓	↓	↓

Als »Reis«

Gemüse	Empfohlene Zubereitungsart	Menge für 2 Pers.	Menge für 4 Pers.	Kochgeschirr	Flüssigkeitsmenge	Salz	Öl / Butter
Brokkoli	ja	↑	↑	↑	↑	↑	↑
Sprossenbrokkoli	nein	1 großer Brokkoli		-	-	-	-
Broccolini	nein	↓	↓	↓	↓	↓	↓

Weitere Zutaten	Temperatur	Zugedeckt garen	Dampfgarzeit	Anmerkungen
3 Knoblauchzehen, gehackt, Saft von ½ Zitrone Saft von 1 Zitrone, geröstete Haselnüsse Sesamsamen, 3 Knoblauchzehen, gehackt, 1 Chili, fein geschnitten	↑ mittel ↓	↑ ja ↓	4–5 Min. 4 Min. 3 Min.	Dampfgegarter Brokkoli soll weich und zart sein. Mit Öl, Knoblauch und Zitronensaft abschmecken. Holzige Teile des Stängels wegwerfen. Soll beim Dämpfen seine schöne, tiefgrüne Farbe behalten und zart bleiben.
abgeriebene Schale und Saft von 1 Zitrone 1 EL Balsamicoessig, 2 Knoblauchzehen, gehackt, 1 Handvoll geröstete Pinienkerne 1 EL Sojasauce, Essig, Knoblauch und Ingwer, gehackt	200 °C 220 °C 250 °C	↑ nein ↓	30 Min. 15–18 Min. 15 Min.	Brokkoli mit Öl, Zitronensaft und -schale marinieren und dann im Backofen garen. Temperatur leicht reduzieren, damit die Stängel zart und die Blüten knusprig werden. Alle Zutaten mit dem Öl vermengen und den Brokkoli damit überziehen. Im Backofen garen.
Knoblauch, gehackt, Paniermehl Ingwer, gehackt, Sesamsamen, Limettenschale und -saft Knoblauch und Ingwer, gehackt, rote Chili, fein geschnitten, Frühlingszwiebel, Limettenschale und -saft, Honig, Sojasauce	↑ stark ↓	↑ nein ↓	6 Min. 6 Min. 7 Min.	Die Grillpfanne stark erhitzen und den Brokkoli zusammen mit den weiteren Zutaten von jeder Seite 3 Minuten rösten. Zubereitung wie oben. Knoblauch und Ingwer, falls verwendet, in etwas Öl anbraten. Dann Broccolini und alle weiteren Zutaten zugeben und bei starker Hitze anbraten.
↑ 1 Stange Lauch, 1 Stange Sellerie, 2 Knoblauchzehen, Crème fraîche oder Joghurt zum Servieren ↓	↑ mittel ↓	↑ nein ↓	↑ 10–15 Min. ↓	Das Gemüse in Öl im Kochtopf anbraten. Brokkoli und Brühe hinzufügen. 10–15 Min. köcheln lassen. Pürieren. Vor dem Servieren Crème fraîche oder Joghurt hinzugeben.
Fein geschnittene Kräuter, gemahlene Gewürze oder Zitronenabrieb verleihen Aroma.	↑ - ↓	↑ - ↓	↑ - ↓	Den rohen Brokkoli im Blitzhacker (Cutter) zu reiskornähnlicher Größe zerkleinern.

TIPP

Eine ideale Beilage zu gedämpftem oder gegrilltem Fisch oder auch zu einem Stück Fleisch und Reis.

Knuspriger Broccolini auf asiatische Art

Für 4 Personen (als Beilage)
500 g Broccolini, Stielende abgeschnitten, dicke Stiele längs halbiert
2 EL Kokosöl, geschmolzen
4 EL Tamarisauce
4 EL Reisessig
1 EL Sriracha-Sauce (scharfe Chilisauce)
3 Knoblauchzehen, fein geschnitten
1 Stück Ingwer (6–9 cm), geschält und in Stifte geschnitten
1 EL Sesamsamen, geröstet
fein geschnittene rote Chili zum Servieren, nach Wunsch

Den Backofen auf 250 Grad oder die maximale Temperatur vorheizen.

Den Broccolini in einer Lage auf einem großen, mit Backpapier ausgelegten Blech verteilen.

Das Kokosöl mit Tamarisauce, Essig, Sriracha-Sauce, Knoblauch und Ingwer in einer kleinen Schüssel mit dem Schneebesen verrühren. Über den Broccolini verteilen und alles gut vermischen, sodass er rundum mit der Marinade überzogen ist.

10 Minuten im Backofen garen, dann wenden und weitere 5 Minuten rösten. Die Köpfe sollen knusprig und karamellisiert sein.
Vor dem Servieren mit Sesamsamen und nach Belieben mit frischer Chili bestreuen.

vegetarisch, glutenfrei, nussfrei

15 Min. / 0 Min.

Eine interessante Variante zum traditionellen Krautsalat. Wenn Sie keinen Gemüsehobel haben, schneiden Sie den Brokkoli mit einem Küchenmesser so dünn wie möglich.

Roher Brokkolisalat

Für 2–4 Personen

1 rote Zwiebel, halbiert

2 Zitronen, abgeriebene Schale und Saft

1 Kopf Brokkoli, in Röschen zerteilt

100 ml griechischer Joghurt

2 EL Rosen-Harissa

½ Bund Minze

1 EL Kreuzkümmelsamen, geröstet

Salz und Pfeffer

Die Zwiebelhälften mit einem Gemüsehobel in hauchdünne Scheiben hobeln, auf einer großen Platte verteilen, mit Zitronen-saft beträufeln und salzen. Die Brokkoliröschen ebenfalls in etwa 2 mm dünne Scheiben hobeln. Unter die marinierten Zwiebelstreifen mischen.

Joghurt, Harissa sowie den restlichen Zitronenabrieb und -saft in einer kleinen Schüssel miteinander verrühren. Falls nötig noch mit 1 Esslöffel Wasser verdünnen. Die Sauce mit Salz und Pfeffer abschmecken und über das Gemüse verteilen. Mit Minz-blättern und gerösteten Kreuzkümmelsamen bestreuen.

TIPP

Ein prima Rezept, um große Mengen Brokkoli in den Speiseplan einzubauen. Für eine komplette Mahlzeit ein Ei oder gegrillten Lachs dazu servieren.

vegan, glutenfrei

Gebratener Brokkolireis auf thailändische Art

Für 2 Personen

100 g Erdnüsse
1 Kopf Brokkoli,
in Röschen zerteilt,
den Strunk halbiert
2 EL Kokosöl
1 rote Zwiebel, klein
gewürfelt
1 Bund Koriander (wenn
möglich mit Wurzeln),
Wurzeln klein gehackt,
Blätter abgezupft
3 Knoblauchzehen,
gepresst
1 Stück Ingwer (6–9 cm),
geschält und gerieben
1 rote Chili, fein
geschnitten

Sauce

1 Limette, abgeriebene
Schale und Saft
2 EL Tamarisauce
½ EL brauner Zucker
2 EL Erdnussöl

Die Erdnüsse in einer Pfanne bei mittlerer Hitze unter Wenden gleichmäßig rösten. In einer kleinen Schüssel beiseitestellen.

Die Brokkoliröschen im Blitzhacker (Cutter) zu Reiskorngröße zerkleinern und in eine große Schüssel geben.

Für die Sauce alle Zutaten miteinander verrühren.

Das Kokosöl in einer großen beschichteten Pfanne erhitzen. Zwiebel, Korianderwurzeln, Knoblauch, Ingwer und Chili darin anbraten, bis die Zwiebeln weich sind und die Mischung ihr Aroma entfaltet. Den Brokkolireis hinzufügen, mischen und 4 bis 5 Minuten braten. Die Brokkolikörner sollen leicht bissfest bleiben. Den Herd ausschalten. Die Hälfte der Korianderblätter und der gerösteten Erdnüsse dazugeben und alles miteinander vermengen. Die Sauce hinzufügen, gründlich mischen und den Brokkolireis in tiefen Tellern anrichten. Mit den restlichen Erdnüssen und Korianderblättern bestreuen und heiß servieren.

TIPP

vegan

Mit diesem Gericht werden Sie Ihre Gäste beeindrucken. Es ist geschmackvoll und ganz einfach zuzubereiten.

Gegrillter Broccolinisalat mit Romescosauce

Für 4 Personen
100 g Sauerteigbrot
3 EL Olivenöl

Romescosauce
190 g gegrillte rote Paprika aus dem Glas, abgetropft
2 große Knoblauchzehen
60 g Mandeln, geschält
½ Bund glatte Petersilie, einige Blätter für die Garnitur beiseitegelegt
2 EL Rotweinessig
1 TL geräuchertes Paprikapulver
3 EL Olivenöl
Salz

500 g Broccolini, Stielende abgeschnitten
Olivenöl zum Braten und zum Beträufeln

Das Brot in Scheiben und diese in Würfel (Croûtons) schneiden. Das Olivenöl in einer großen Pfanne erhitzen und die Brotwürfel bei mittlerer Hitze 6 Minuten rösten, bis sie goldbraun und knusprig sind. Die Croûtons auf einen Teller geben und beiseitestellen.

Für die Sauce Paprika, Knoblauch, Mandeln, Petersilie samt Stängeln, Essig, Paprikapulver, Olivenöl sowie eine Handvoll Croûtons in den Mixer oder Blitzhacker (Cutter) geben, salzen und zu einer glatten Sauce mixen.

Eine große Grillpfanne stark erhitzen. Etwas Olivenöl hineingeben und die Broccolini von jeder Seite 3 Minuten grillen. Falls nötig, in mehreren Portionen braten.

Die Romescosauce auf einer Platte oder auf einzelne Teller verteilen, dann die Broccolini darauf anrichten und mit Croûtons bestreuen. Mit Olivenöl beträufeln und mit Petersilienblättern garnieren.

TIPP

Ideal für ein sommerliches Mittagessen.
Dazu passen ein einfacher grüner Salat
und nach Wunsch etwas Dijonsenf.

glutenfrei

Brokkoli-Frittata mit Blauschimmelkäse

Für 4 Personen
200 g lila
Sprossenbrokkoli
50 ml Olivenöl
½ Bund glatte Petersilie,
Blätter abgezupft,
Stängel klein gehackt
8 große Eier
50 g Pinienkerne
1 rote Chili, fein
geschnitten
100 g Blauschimmelkäse
(z. B. Gorgonzola)
50 g Parmesan, gerieben
100 g Butter und etwas
Olivenöl
etwas fein geriebener
Parmesan, nach Wunsch
Salz und Pfeffer

Den Backofen auf 200 Grad vorheizen.

Die Blütenstände des Brokkoli von den Stängeln trennen, die
Stängel in 1 cm breite Rädchen schneiden. Beides mit etwas
Olivenöl beträufeln und mischen. Eine Grillpfanne stark erhitzen
und den Brokkoli darin rundherum 6 Minuten grillen. Den
Brokkoli zusammen mit den gehackten Petersilienstängeln in
eine Schüssel geben und beiseitestellen.

In einer zweiten großen Schüssel die Eier aufschlagen, mit Salz
und Pfeffer würzen, Pinienkerne und Chili hinzugeben und
alles vermischen. Den Blauschimmelkäse zerkrümeln und zusammen mit dem geriebenen Parmesan hinzufügen. Den Brokkoli
und die Hälfte der Petersilienblätter dazugeben.

In einer ofenfesten Pfanne von 20 cm Durchmesser die Butter mit
etwas Olivenöl bei mittlerer Hitze schmelzen. Die Eimasse in
die Pfanne gießen und 2 bis 3 Minuten garen; die Unterseite soll
zu stocken beginnen. Dann die Frittata 8 bis 10 Minuten im
Ofen fertig garen, bis sie luftig, goldbraun und fast durchgegart ist.
Mit der restlichen Petersilie und/oder nach Wunsch etwas Parmesan bestreuen und heiß oder lauwarm servieren.

vegetarisch, glutenfrei

Für eine vegane Variante den Joghurt durch
Sojajoghurt ersetzen. Wer Fleisch mag,
serviert den Brokkoli zu gegrillten Lammkoteletts.

Gerösteter Sprossenbrokkoli mit Joghurtdressing und Salzzitrone

Für 2 Personen
300 g lila
Sprossenbrokkoli,
Stängelenden
abgeschnitten
2 EL Olivenöl
3 Knoblauchzehen,
fein geschnitten
1 EL Chiliflocken
Salz und Pfeffer

Dressing
100 g griechischer
Joghurt
1 Salzzitrone,
fein geschnitten
2 EL Tahini
1 EL glatte Petersilie,
klein gehackt
2 EL Olivenöl
Salz und Pfeffer

Den Backofen auf 250 Grad vorheizen.

Den Brokkoli auf einem großen Backblech oder falls nötig auf
zwei Blechen verteilen. Das Olivenöl und den fein geschnittenen
Knoblauch hinzufügen, alles miteinander vermengen, salzen
und pfeffern. Im Backofen 10 Minuten rösten. Dann den Brokkoli
mit den Chiliflocken bestreuen, nochmals gut mischen und
8 bis 10 Minuten weiter rösten. Der Brokkoli soll knusprig sein.

Den Joghurt mit der klein geschnittenen Zitrone, Tahini und
Petersilie verrühren und gerade so viel kaltes Wasser hinzufügen,
dass die Sauce weder zu dick- noch zu dünnflüssig ist.
Das Olivenöl unterrühren und mit Salz und Pfeffer abschmecken.

Den Brokkoli anrichten und mit etwas Sauce beträufeln.
Die restliche Sauce in einer kleinen Schüssel dazu reichen.

Brokkoli-Pizza mit Fenchelwurst

TIPP

Eine Pizza voller Aromen, die selbst Kinder dazu bringt, viel grünes Gemüse zu essen. Variieren Sie den Belag nach Lust und Laune.

Für 1 Pizza

VORBEREITEN / KOCHEN
20 Min. / 30 Min.

1 Kopf Brokkoli
100 g gemahlene Mandeln
100 g Haferflocken
1 Prise getrockneter Oregano

2 Eier, verquirlt
Olivenöl
Salz und Pfeffer
4 EL Tomatenpassata
3 italienische Fenchelbratwürste, Brät ausgelöst

1 Knoblauchzehe, fein geschnitten
1 Kugel Mozzarella, zerpflückt
1 Handvoll Basilikumblätter

01 Den Backofen auf 220 Grad vorheizen. Den Brokkoli im Blitzhacker (Cutter) zu Reiskorngröße zerkleinern. Mit den gemahlenen Mandeln, Haferflocken und Oregano vermischen und würzen. In der Mitte eine Vertiefung bilden und die Eier dazugeben.

02 Zu einem Teig kneten und eine Kugel formen. Der Teig ist feuchter und weniger fest als der klassische Pizzateig.

03 Ein großes Backblech mit Backpapier belegen und mit Olivenöl bepinseln. Die Teigkugel in die Mitte legen und zu einer 5 mm dicken Scheibe formen. Dabei die Ränder etwas dicker lassen und leicht hochziehen. Im Ofen 20 Minuten vorbacken.

04 Die Backofentemperatur auf 250 Grad erhöhen. Die Tomatensauce auf dem Teig verstreichen. Mit Wurstbrät, Knoblauch und Mozzarella belegen. Weitere 10 Minuten backen. Mit Olivenöl beträufeln, mit Basilikum bestreuen und servieren.

Erbsen

Als Erbse bezeichnet man sowohl die Pflanze an sich wie auch die kleinen grünen Samenkerne im Inneren der Schoten. Sowohl die nicht voll ausgereiften Samen wie die ganzen Schoten bestimmter Sorten wie die der Zuckererbsen werden als Gemüse verzehrt. Auch die rankenden Sprossenden der Kletterpflanze sind manchmal essbar.

Inhaltsstoffe

Mit ihrem milden, süßen Geschmack und ihrer leicht mehligen Konsistenz sind Erbsen sehr sättigend und ein hervorragender Lieferant von pflanzlichem Eiweiß. 100 g gekochte Erbsen enthalten:

- 84 kcal
- 15 g Kohlenhydrate, 5 g Eiweiß und 0,2 g Fett
- eine große Menge an Vitamin B1 und Folsäure, außerdem Vitamin A, K und C
- zahlreiche Mineralstoffe, unter anderem Folat, Mangan, Eisen und Phosphor
- Saponine als sekundäre Pflanzenstoffe

Positive Wirkungen

Ihr hoher Ballaststoffgehalt unterstützt die Darmflora und trägt zu einer guten Verdauung bei. Im Zusammenspiel mit den Kohlenhydraten helfen diese Ballaststoffe bei der Regulierung des Blutzuckerspiegels und sind daher für Menschen mit Typ-2-Diabetes interessant. Außerdem beugen sie dem Risiko von Diabetes und Herz-Kreislauf-Krankheiten vor. Die Saponine sollen eine antioxidative Wirkung haben und das Krebsrisiko senken.

Zubereitung und Verzehr

Roh, frisch, tiefgefroren, als Konserve, einige getrocknete Sorten auch in indischen Gerichten, wie Dal, oder in herzhaften Suppen. Erbsen passen in Pasta- und Reisgerichte, Currys, herzhafte Tartes, aber auch in Suppen oder Salate.

Sorten

Es gibt viele Sorten von Gartenerbsen,
die gängigsten Gruppen sind:

GARTENERBSE

KNACKERBSE

ZUCKERERBSE ODER KAISERSCHOTE (Kefe)

MARKERBSE (hier die alte Sorte »Lincoln«)

Die Auswahl an Erbsensorten ist enorm. Daher hier nur die grund-
sätzlichen Merkmale der Hauptgruppen:

- **PALERBSEN** (auch Schalerbsen oder Kneifelerbsen), die älteste Form der Speise-
  erbsen, haben runde, glatte Samen, die sich auch zum Trocknen eignen. Sie
  sind stärkereich, weniger süß und leicht mehlig.
- **MARKERBSEN** haben leicht runzlige Samen. Sie werden nur frisch gegessen, sind
  süß und sehr zart. Sie eignen sich auch zum Tiefgefrieren und für Konserven,
  jedoch nicht zum Trocknen.
- **ZUCKERERBSEN** (auch Kaiserschoten, Zuckerschoten, Kiefelerbsen oder Kefen)
  haben eine fleischige, süße Hülse ohne die zähe Pergamentschicht im Inneren
  und mit unterentwickelten Samenkörnern. Sie werden mit der essbaren, flachen
  Hülse zubereitet und gegessen.
- **KNACKERBSEN** sind eine relativ neue Züchtung, eine Kreuzung zwischen Gartenerbse und Zuckererbse und vereinen die Qualitäten von beiden: eine zarte
  essbare Hülse und zarte voll ausgebildete Samenkörner.

Zubereitung von Erbsen

Gemüse	Empfohlene Zubereitungsart	Menge für 2 Pers.	Menge für 4 Pers.	Kochgeschirr	Flüssigkeitsmenge	Salz	Öl / Butter

Im Dampf

Gemüse	Empfohlene Zubereitungsart	Menge für 2 Pers.	Menge für 4 Pers.	Kochgeschirr	Flüssigkeitsmenge	Salz	Öl / Butter
Erbsen	↑	200 g		↑	↑	↑	↑
Knackerbsen	ja	150 g		Dampfgarer	2 cm Flüssigkeit im Garbehälter	1 TL	je 1 EL
Zuckererbsen	↓	150 g		↓	↓	↓	↓

Im Backofen

Gemüse	Empfohlene Zubereitungsart	Menge für 2 Pers.	Menge für 4 Pers.	Kochgeschirr	Flüssigkeitsmenge	Salz	Öl / Butter
Erbsen	ja	200 g		↑	↑	↑	2 EL Butter
Knackerbsen	ja	200 g					1 EL Olivenöl
Zuckererbsen	nein			mittelgroße Auflaufform	-	1 TL	
				↓	↓	↓	

In der Pfanne

Gemüse	Empfohlene Zubereitungsart	Menge für 2 Pers.	Menge für 4 Pers.	Kochgeschirr	Flüssigkeitsmenge	Salz	Öl / Butter
Erbsen	↑	↑		große beschichtete Pfanne	↑	1 TL	↑
Knackerbsen	ja	150 g		große beschichtete Pfanne	-	1 TL	1 EL Butter oder Olivenöl
Zuckererbsen	↓	↓		große beschichtete / Gusseisenpfanne	↓	1 TL	↓

Als Suppe

Gemüse	Empfohlene Zubereitungsart	Menge für 2 Pers.	Menge für 4 Pers.	Kochgeschirr	Flüssigkeitsmenge	Salz	Öl / Butter
Erbsen	ja		600 g	großer Kochtopf	900 ml Gemüsebrühe	1 TL	2 EL Butter oder Öl
Knackerbsen	nein						
Zuckererbsen	nein						

Weitere Zutaten	Temperatur	Zugedeckt garen	Dampfgarzeit	Anmerkungen
↑ 2 Frühlingszwiebeln, Minzblätter, Feta ↓	↑ mittel ↓	↑ ja ↓	2–3 Min. 4 Min. 3 Min.	Frische oder tiefgefrorene Erbsen verwenden; frische Erbsen nur 1 oder 2 Minuten garen. Köstlich mit einer Nocke Butter, gut würzen. Sollen noch leicht bissfest sein; köstlich in Salaten, z. B. mit grünen Bohnen für unterschiedliche Texturen.
4 Knoblauchzehen, ungeschält zerdrückt	180 °C 220 °C	↑ nein ↓	20–25 Min. 20 Min.	Die Butter schmelzen, Erbsen und Knoblauch daruntermischen. Im Ofen garen. Erbsen, Öl und Zitronensaft mischen, Zitronenviertel hinzufügen und im Ofen garen; nach der Hälfte der Garzeit erneut mischen. Zuckererbsen werden im Backofen weich. Deshalb besser braten oder dämpfen.
2 Knoblauchzehen, Senfsamen, Zitronenabrieb, Cayennepfeffer Zitronenabrieb und/oder -saft, fein geschnittene Minze gehackte, geröstete Haselnüsse, Abrieb und Saft von 1 Zitrone oder Orange, fein geschnittener Estragon	mittel bis stark mittel bis stark stark	↑ nein ↓	3–5 Min. 2–3 Min. 2–3 Min.	Öl oder Butter erhitzen, den Knoblauch darin weich dünsten. Gewürze und Erbsen hinzugeben und 3–5 Minuten garen. In der Hauptsaison sind Knackerbsen auch roh sehr schmackhaft. Nicht mehr ganz erntefrisch, werden sie durch kurzes Anbraten zarter und entfalten ihren süßlichen Geschmack. Einige Minuten in Öl oder Butter angebraten, werden die Zuckererbsen weich und leicht süßlich.
1 Zwiebel und 1 Knoblauchzehe, gehackt, 1 große Handvoll Minze, fein geschnitten, Crème fraîche	mittel bis stark	nein	10–15 Min.	Zwiebel und Knoblauch in Öl anbraten. Tiefgefrorene Erbsen und Brühe hinzugeben, würzen und 10 Minuten köcheln lassen. Den Topf von der Herdplatte nehmen, Minze und einige Löffel Crème fraîche hinzufügen und pürieren.

vegetarisch, glutenfrei, nussfrei

Die beste Art, Erbsen zu essen. Ein ganz einfacher, frischer Salat als Vorspeise oder für ein leichtes Mittagessen, dazu geröstetes Sauerteigbrot.

Erbsensalat mit Burrata

Für 2 Personen
300 g Erbsen, frisch
oder tiefgefroren
1 Zitrone, abgeriebene
Schale und Saft
1 grüne Chili, fein
gehackt
3 EL Olivenöl extra
vergine
½ Bund Minze
½ Bund Basilikum
2 kleine Kugeln Burrata
200 g Erbsensprossen
Olivenöl extra vergine
zum Servieren

Salzwasser in einem großen Topf zum Kochen bringen. Die Erbsen darin 2 Minuten blanchieren, bis sie an die Oberfläche steigen und eine schöne zartgrüne Farbe angenommen haben. Abtropfen lassen und so lange eiskalt abspülen, bis sie vollständig abgekühlt sind.

3 bis 4 Esslöffel gekochte Erbsen zurückbehalten. Die restlichen Erbsen mit Zitronenabrieb und -saft, Chili, Olivenöl und der Hälfte der Kräuter in den Blitzhacker (Cutter) geben und glatt pürieren.

Das Püree auf Teller oder in Schalen verteilen, die Burrata-Kugeln darauf anrichten, mit Erbsensprossen, den restlichen Kräutern und den beiseitegelegten Erbsen garnieren. Vor dem Servieren mit etwas Olivenöl beträufeln.

TIPP

glutenfrei, nussfrei

Erbsen schmecken am besten im Sommer.
Wenn möglich frische Erbsen verwenden.
Diese Suppe kann kalt oder warm gegessen
werden. Dazu gibt es geröstetes Brot.

Erbsen-Kerbel-Suppe mit Pancetta-Chips

Für 4 Personen

4 Schalotten, grob
gehackt
2 Knoblauchzehen,
fein geschnitten
1 EL Olivenöl
700 g Erbsen, frisch
oder tiefgefroren
1 l Hühner- oder Gemüse-
brühe
½ Bund Kerbel

50 g Pancetta oder Brat-
speck in Scheiben
Salz und Pfeffer
2 EL Crème fraîche
Olivenöl extra vergine
zum Servieren

Schalotten und Knoblauch in einem großen Kochtopf bei mittlerer
Hitze 5 Minuten im Olivenöl dünsten, bis sie weich sind.
Die Erbsen hinzufügen, dann mit Brühe ablöschen und 5 Minuten
köcheln lassen.

Den Kerbel hinzufügen (einige Zweiglein zum Garnieren zurückbehalten) und die Suppe mit dem Stabmixer oder im Mixer
pürieren. Falls gewünscht, die Suppe gut durchkühlen.

Den Backofen auf 200 Grad vorheizen.

Die Pancetta- oder Speckscheiben auf einem mit Backpapier
belegten Blech verteilen und im Ofen 3 Minuten rösten,
dann wenden und 1 Minute weiter rösten, bis sie knusprig sind.

Die Suppe nochmals abschmecken und in Suppenschalen anrichten. Mit Pancetta-Chips, einem kleinen Klecks Crème fraîche,
etwas Olivenöl und ein paar Kerbelblättchen garnieren.
Für eine noch erfrischendere Suppe kann man ein paar Eiswürfel
hinzufügen.

10 Min. / 10 Min.

Für ein schnelles Essen unter der Woche die Frikadellen mit gegrillten Broccolini (Seite 56) oder einem grünen Salat servieren.

Erbsen-Lachs-Frikadellen mit Misosauce

Für 4 Personen
2 Stängel Zitronengras
1 Stück Ingwer (6 cm),
geschält und grob
gehackt
150 g Erbsen, frisch
oder tiefgefroren
½ Bund Koriander, Blät-
ter abgezupft, Stängel
klein gehackt
500 g Lachsfilet, ohne
Haut und Gräten,
in grobe Stücke
geschnitten
2 Limetten, Saft und
abgeriebene Schale
von 1 Limette
8 EL Sesamsamen
1 EL Olivenöl
2 TL Misopaste
Salz und Pfeffer

Die Zitronengrasstängel der Länge nach halbieren, die äußere Hülle entfernen, das Innere grob hacken. Zusammen mit Ingwer, Erbsen, der Hälfte der Korianderblätter und sämtlichen Korianderstängeln im Blitzhacker (Cutter) zu einer körnigen Masse verarbeiten. Die Hälfte des Lachses dazugeben und pürieren, bis eine glatte Masse entstanden ist. Den restlichen Lachs hinzufügen, dann nur noch kurz stoßweise pürieren, damit etwas Textur erhalten bleibt. Den Limettenabrieb dazugeben und abschmecken.

Die Masse in 4 gleichmäßig große Portionen teilen und zu 4 Bratlingen von 3 cm Dicke formen. Die Sesamsamen auf einen Teller streuen und die Bratlinge darin wenden.

Das Olivenöl in einer großen Pfanne auf mittlerer bis starker Temperatur erhitzen und die Bratlinge darin von jeder Seite 3 Minuten braten.

Die Misopaste und den Limettensaft in einer kleinen Schale miteinander verrühren. Die Hälfte der Misosauce über die Frikadellen verteilen und noch 1 Minute weiter braten. Die Frikadellen zusammen mit der restlichen Sauce und den Korianderblättern servieren.

10 Min. / 45 Min.

Keema ist ein traditionelles indisches Hackfleisch-gericht. Dazu passen Basmatireis, Fladenbrot und nach Wunsch zusätzlich indischer Spinatsalat (Seite 24). Statt des einfachen Joghurts schmeckt auch die würzige Joghurtsauce von Seite 24.

Keema mit Erbsen

Für 4 Personen

2 EL Ghee

2 Zwiebeln, fein gehackt

5 Knoblauchzehen, fein zerdrückt

2 TL Chilipulver

2 EL Garam Masala

1 Stück Ingwer (5 cm), geschält und gerieben

500 g mageres Rinder-hackfleisch

400 g Tomaten, gehackt

200 g Erbsen, frisch oder tiefgefroren

200 g Spinat

150 g Naturjoghurt

1 große Handvoll Korianderblätter

1 Limette, abgeriebene Schale und Saft

Salz und Pfeffer

Limettenspalten zum Servieren

Ghee in einer großen Pfanne bei mittlerer Temperatur erhitzen. Die Zwiebeln darin 8 bis 10 Minuten langsam weich und glasig dünsten. Den Knoblauch hinzufügen und 2 bis 3 Minuten weiter dünsten. Chilipulver, Garam Masala und Ingwer hinzufügen und weitere 2 bis 3 Minuten braten. Die Zwiebelmischung in einem Gefäß beiseitestellen.

In derselben Pfanne das Hackfleisch bei starker Hitze 3 bis 4 Minuten braten, dabei mit einem Holzlöffel in kleine Krümel zerdrücken. Die gehackten Tomaten, die Zwiebelmischung und 250 ml kochendes Wasser hinzufügen. 20 Minuten köcheln lassen, dabei von Zeit zu Zeit umrühren.

Erbsen und Spinat hinzufügen und weitere 4 Minuten garen, bis die Erbsen weich werden und der Spinat zusammengefallen ist.

100 g Joghurt, den größten Teil der Korianderblätter und den Limettensaft hinzufügen und gut vermengen. Mit Salz und Pfeffer abschmecken. Mit einem Klecks Joghurt, Koriander-blättchen und Limettenspalten garniert servieren.

TIPP   vegetarisch, nussfrei

Diese Tarte schmeckt warm, eignet sich aber auch
wunderbar für ein Picknick. Dafür das Öl in einem
separaten Gefäß mitnehmen und die Tarte im letzten
Moment damit beträufeln.

Erbsen-Spargel-Tarte

Für 4 Personen
1 Rolle Blätterteig,
rechteckig (320 g)
1 Ei, verquirlt
200 g Mangold, Blätter
und Stiele getrennt
gehackt
200 g Ziegenkäse,
Rinde entfernt, in Stücke
geschnitten
100 g Erbsen, frisch
oder tiefgefroren
400 g grüner Spargel,
Enden abgeschnitten

Petersilienöl
1 Bund glatte Petersilie,
Blätter und Stängel grob
gehackt
100 ml Olivenöl
Salz und Pfeffer

Den Backofen auf 200 Grad vorheizen. Den Blätterteig mit dem
Backpapier auf ein Blech legen und noch leicht größer ausrollen.
Rund herum 2 cm vom Rand entfernt mit einem scharfen Messer
einritzen, ohne ihn dabei durchzuschneiden. Den Teig mehrmals
mit einer Gabel einstechen, die Ränder mit dem verquirlten Ei
bestreichen. Den Teigboden im Ofen 10 bis 15 Minuten vorbacken,
bis er fast durchgebacken und goldbraun ist.

Inzwischen die Mangoldstiele in kochendem Salzwasser 1 Minute
blanchieren. Dann die Blätter hinzugeben und noch 30 Sekunden
weiterkochen. Abgießen, unter kaltem Wasser abschrecken und
abtropfen lassen. Dann auf ein sauberes Küchentuch geben und
gut ausdrücken. Den vorgebackenen Teigboden aus dem Backofen
nehmen, die Teigfläche in der Mitte mit einem Löffelrücken flach
drücken. Mangold, Ziegenkäse, Erbsen und Spargel darauf verteilen. Die Tarte weitere 10 bis 15 Minuten backen, bis sie knusprig
und goldbraun ist.

Die Petersilienblätter und -stängel mit dem Olivenöl in den Blitzhacker (Cutter) geben, würzen und zu einem schön hellgrünen
Öl mixen.

Die Tarte aus dem Ofen nehmen, mit Petersilienöl beträufeln
und sofort servieren.

Wasabi-Erbsen

TIPP

Die Wasabi-Erbsen sind ein Genuss zum Aperitif und halten sich luftdicht verschlossen bis zu 12 Monate. Auch Salaten verleihen sie eine knusprige Note und Poke Bowls Farbe und Geschmack.

Für 400 g

VORBEREITEN / KOCHEN
12 Std. / 5 Std.

- 600 g ganze getrocknete Erbsen
- 2 EL Olivenöl
- 4 TL Wasabipulver

- 2 EL Tahini
- 2 EL Reisessig
- 2 EL Dijonsenf

01 Die Erbsen in der dreifachen Menge Wasser 12 Stunden einweichen. Den Backofen auf 160 Grad vorheizen.

02 Die Erbsen abgießen, in einem großen Kochtopf mit frischem Wasser zum Kochen bringen. Die Temperatur reduzieren und 40 Minuten köcheln lassen. Die Erbsen abtropfen lassen und mit Olivenöl mischen.

03 Die Erbsen in einer Lage auf einem Backblech verteilen. Im Ofen 4 Stunden rösten, bis sie trocken und knusprig sind, dabei jede Stunde mischen und wenden. Die Backofentemperatur auf 250 Grad erhöhen.

04 Wasabi, Tahini, Reisessig und Senf mit 2 Esslöffeln Wasser verrühren. Die Erbsen gleichmäßig mit der Sauce überziehen. Weitere 10 bis 15 Minuten backen, bis die Erbsen schön knusprig sind.

Süßkartoffel

Die Süßkartoffel ist eine mehrjährige, krautige Pflanze, die wegen ihrer Wurzelknollen angebaut wird und auch bei uns zunehmend Verbreitung findet. Sie gehört nicht wie die Kartoffel zur Familie der Nachtschattengewächse, sondern zu jener der Windengewächse.

Inhaltsstoffe

Roh enthält die Süßkartoffel eine sehr viel größere Menge an Mikronährstoffen als gekocht. 100 g rohe Süßkartoffel enthalten:

- 111 kcal
- 24 g Kohlenhydrate, davon 4 g Ballaststoffe, 2 g Eiweiß und nur 1 g Fett
- einen sehr hohen Gehalt an Beta-Carotin
- eine deutlich höhere Menge an Vitamin A als die empfohlene Tagesdosis
- ein Drittel des Tagesbedarfs an Vitamin C, E und K, außerdem B-Vitamine
- eine große Menge an Kalium, Calcium, Eisen, Folat und Mangan
- Quercetin, ein Flavonoid mit entzündungshemmenden Eigenschaften

Positive Wirkungen

Da die Süßkartoffel sehr ballaststoffreich ist, eignet sie sich gut für Diabetiker. Sie hilft, den Blutzuckerspiegel zu regulieren und den Blutdruck zu stabilisieren.

Zubereitung und Verzehr

Am einfachsten ist es, die ganze Süßkartoffel mit Schale im Ofen zu backen. Obwohl sie meist gedämpft, gebraten oder gebacken wird, kann sie im Unterschied zur Kartoffel auch roh, als Saft oder als Smoothie verzehrt werden. Am besten mit der ballaststoffreichen Schale essen.

Sorten

Die verschiedenen Süßkartoffelsorten unterscheiden sich vor allem durch die Farbe der Schale (rot, rosa bis violett) und des Fruchtfleischs (orange bis gelblich-cremefarben). Die ihr ähnliche Yamswurzel gehört zu einer anderen Familie.

ROSA SCHALE

ORANGE ODER ROTE SCHALE

VIOLETTE SCHALE

WEISSE SÜSSKARTOFFEL

Weitere Sorten

Es gibt zahlreiche Sorten und Kulturformen. Die beliebtesten sind:

- **SÜSSKARTOFFEL BEAUREGARD:** die in Europa und den USA bekannteste und besonders ertragreiche Sorte mit roter Schale und orangefarbenem Fleisch
- **SÜSSKARTOFFEL BONITA:** mit zartrosa Schale und weißem Fleisch
- **SÜSSKARTOFFEL EVANGELINE:** mit rotvioletter Schale und intensiv orangefarbenem Fleisch mit sehr hohem Beta-Karotin-Gehalt
- **SÜSSKARTOFFEL MURASAKI:** japanische Sorte mit intensiv rosa oder pink Schale und cremeweißem Fleisch; gut für Püree. Weißfleischige Sorten werden besonders in Asien bevorzugt.

Zubereitung von Süßkartoffeln

Gemüse	Empfohlene Zubereitungsart	Menge für 2 Pers.	Menge für 4 Pers.	Kochgeschirr	Flüssigkeitsmenge	Salz	Öl / Butter

Im Dampf

Gemüse	Empfohlene Zubereitungsart	Menge für 2 Pers.	Menge für 4 Pers.	Kochgeschirr	Flüssigkeitsmenge	Salz	Öl / Butter
Süßkartoffel	ja	2 Süßkartoffeln		Dampfgarer	5 cm Flüssigkeit im Garbehälter	½ TL	2 EL Butter

Im Backofen

Gemüse	Empfohlene Zubereitungsart	Menge für 2 Pers.	Menge für 4 Pers.	Kochgeschirr	Flüssigkeitsmenge	Salz	Öl / Butter
Süßkartoffel	ja	2 Süßkartoffeln		1 kleine Auflaufform	-	1 TL	1 EL Olivenöl

In der Pfanne

Gemüse	Empfohlene Zubereitungsart	Menge für 2 Pers.	Menge für 4 Pers.	Kochgeschirr	Flüssigkeitsmenge	Salz	Öl / Butter
Süßkartoffel	ja	1–2 Süßkartoffeln		große Gusseisen- oder beschichtete Pfanne	5–6 EL Gemüsebrühe oder Wasser	1 TL	3 EL Olivenöl oder Butter

Als Suppe

Gemüse	Empfohlene Zubereitungsart	Menge für 2 Pers.	Menge für 4 Pers.	Kochgeschirr	Flüssigkeitsmenge	Salz	Öl / Butter
Süßkartoffel	ja		750 g	großer Kochtopf	1,5 l Gemüsebrühe	1 TL	je 1 EL

Weitere Zutaten	Temperatur	Zugedeckt garen	Dampfgarzeit	Anmerkungen
Butter, Sesamsamen, Saft von 1 Limette	↑ mittel ↓	↑ ja ↓	25–30 Min.	Die Schale abbürsten und die Süßkartoffeln dampfgaren. Kurz vor dem Servieren halbieren und ein Stück Butter, Sesamsamen und Limettensaft daraufgeben.
	↑ 180 °C ↓	↑ nein ↓	↑ 40 Min. ↓	Süßkartoffeln garen im Backofen sehr viel schneller als Kartoffeln. Mit Öl oder Butter bestreichen und 40 Minuten backen: Das Fruchtfleisch soll weich sein. Man kann sie auch in Stifte (Pommes) oder Spalten schneiden.
↑ Thymianzweige, 1 Knoblauchzehe, fein zerdrückt, Zimtstange ↓	↑ mittel bis niedrig ↓	↑ ja ↓	↑ 15–20 Min. ↓	Wegen ihres festen Fruchtfleischs werden Süßkartoffeln meist im Ofen gebacken, aber auch in der Pfanne gelingen sie sehr gut. Wichtig ist, die Temperatur zu so regulieren, dass das Fruchtfleisch gart, aber nicht verbrennt. Die Süßkartoffeln in dicke Scheiben schneiden und in Öl oder Butter anbraten. Dann mit Brühe oder Wasser ablöschen und zugedeckt mit Thymian, Knoblauch und Zimtstange garen. Mit der Schale gegart, behalten sie besser die Form. Man kann sie auch schälen, in Würfel schneiden und wie Bratkartoffeln zubereiten.
↑ 1 Zwiebel und 1 Knoblauchzehe, gehackt, feine Kräuter (Petersilie oder Koriander) ↓	↑ mittel ↓	↑ nein ↓	↑ 20 Min. ↓	Zwiebel und Knoblauch in Olivenöl glasig dünsten. Die Süßkartoffeln dazugeben und 5 Minuten anbraten. Die Brühe zugießen und 10–15 Minuten bei schwacher Hitze köcheln lassen, dann pürieren. Die fein geschnittenen Kräuter hinzufügen.

TIPP

Eine interessante Zubereitungsart, die beweist, dass Süßkartoffeln nicht unbedingt gekocht werden müssen. Dieser knackige Salat kann warm oder lauwarm gegessen werden.

glutenfrei

Asiatischer Süßkartoffelsalat

Für 4 Personen

100 g grüne Bohnen, halbiert

1 große Süßkartoffel, geschält

2 EL Erdnussöl

300 g Putenhackfleisch

8 Knoblauchzehen, fein geschnitten

1 Stück Ingwer (9 cm), geschält und in Stifte geschnitten

1 EL Fünf-Gewürze-Pulver

150 g Kirschtomaten, halbiert

1 Bund Thaibasilikum

Sauce

3 Limetten, abgeriebene Schale und Saft

2 EL Fischsauce (Nuoc-Mam)

2 EL Sojasauce

2 EL geröstetes Sesamöl

Die Bohnen in reichlich kochendem Salzwasser 10 Minuten kochen, abgießen und eiskalt abschrecken. Die Süßkartoffeln mit einem Julienne- oder Spiralschneider in lange dünne Streifen schneiden. Alle Zutaten zur Sauce mischen und die Süßkartoffelstreifen darunterziehen.

Einen Wok 2 Minuten stark erhitzen. Das Erdnussöl hineingeben, das Hackfleisch darin 8 Minuten anbraten und es dabei mit einem Holzlöffel zerkrümeln. Das Fleisch rundum anbräunen, bis sich eine Kruste bildet. Knoblauch, Ingwer und Fünf-Gewürze-Pulver hinzugeben und unter ständigem Rühren braten, bis alle Zutaten knusprig und goldbraun sind. Den Wok von der Herdplatte nehmen.

Die Süßkartoffelnudeln auf einer großen Platte oder auf Tellern anrichten. Hackfleisch, Bohnen und Kirschtomaten darüber verteilen und mit Basilikumblättchen garnieren.

TIPP

Für eine vegane Version die Eier durch etwas knusprig gebratenen Tofu ersetzen.

vegetarisch, nussfrei

Süßkartoffel-Rösti mit Spiegelei und gegrillten Tomaten

Für 2 Personen
200 g Kirschtomaten, halbiert
3 EL Olivenöl
1 Maiskolben, Hüllblätter entfernt und Körner abgestreift
300 g Süßkartoffeln, geschält und grob geraspelt
½ Bund Koriander, Blätter abgezupft, Stängel klein gehackt
3 große Eier
1 TL geräuchertes Paprikapulver
3 EL Mehl
Salz und Pfeffer

Den Backofengrill auf die höchste Temperatur vorheizen.
Die Kirschtomaten in eine kleine ofenfeste Auflaufform legen, mit 1 Esslöffel Olivenöl beträufeln und kräftig würzen.
Die Tomaten einige Minuten grillen, bis sie leicht angekohlt sind; dabei von Zeit zu Zeit wenden.

Maiskörner, Süßkartoffelraspel und die gehackten Korianderstängel in eine große Schüssel geben. In einer zweiten Schüssel 1 Ei mit dem Paprikapulver, Salz und Pfeffer verquirlen.
Das Mehl und das verquirlte Ei zu der Süßkartoffelmischung geben und alles von Hand vermengen.

1 Esslöffel Olivenöl in einer großen Pfanne erhitzen. Die Röstimasse in 4 gleich große Portionen teilen, zu Bratlingen formen, in die Pfanne legen und leicht platt drücken. 8 bis 10 Minuten bei mittlerer Hitze braten, bis sie goldbraun sind, dann wenden und auf der anderen Seite ebenso braten. Die Rösti auf Teller legen. Das restliche Öl in die Pfanne geben, zwei Spiegeleier braten und auf der Rösti anrichten.

Die gegrillten Tomaten dazulegen. Mit Limettensaft beträufeln und mit Korianderblättern bestreuen.

Süßkartoffel-Gnocchi in Salbeibutter

TIPP   vegetarisch, nussfrei

Vor dem Servieren mit geriebenem Pecorino bestreuen. Für Fleischliebhaber mit Pancetta-Chips (Seite 70) ergänzen.

Für 4 Personen

VORBEREITEN / KOCHEN
15 Min. / 15 Min.

450 g Süßkartoffeln
100 g Ricotta
90 g Mehl sowie Mehl für die Arbeitsfläche
150 g Butter

1 Bund Salbei
1 Zitrone, abgeriebene Schale
Salz und Pfeffer

01 Die Süßkartoffeln schälen, würfeln und in kochendem Wasser etwa 20 Minuten weich garen. Abgießen, gut abtropfen lassen und in einer Schüssel mit einer Gabel fein zerdrücken.

02 Ricotta und Mehl dazugeben, mit der Gabel gründlich vermengen und zu einer weichen Teigkugel formen. Den Teig auf einer bemehlten Arbeitsfläche kneten bis er außen nicht mehr klebrig ist.

03 Aus dem Teig 3 Kugeln formen und jede zu einer 20 cm langen, 2 bis 3 cm dicken Wurst ausrollen. Schräg in etwa 2 cm breite Stücke schneiden. Diese 3 bis 4 Minuten in kochendem Wasser garen.

04 Die Butter aufschäumen, die Salbeiblätter mit dem Zitronenabrieb darin knusprig braten. Die Gnocchi abtropfen lassen, in die Pfanne geben und alles miteinander vermischen.

vegan, glutenfrei, nussfrei

15 Min. / 25 Min.

Diese Suppe eignet sich sowohl für ein leichtes Mittagessen wie auch als wärmendes Abendessen. Für mehr Kohlenhydrate passen dazu geröstetes Brot, Reis oder eine Tortilla. Kochen Sie ruhig eine größere Menge davon; sie lässt sich sehr gut einfrieren.

Mexikanische Süßkartoffelsuppe

Für 4 Personen
1 EL Olivenöl
2 rote Zwiebeln, fein gehackt
1 Bund Koriander, Blätter abgezupft, Stängel klein gehackt
2 EL Chilipaste oder je nach gewünschter Schärfe
750 g Süßkartoffeln, geschält und geraspelt
1½ l Gemüsebrühe
2 Limetten, Saft
1 Avocado, geschält, entsteint und in Scheiben geschnitten
Salz

Das Olivenöl in einem großen Topf erhitzen und drei Viertel der Zwiebeln und die Korianderstängel darin 4 bis 5 Minuten andünsten, bis die Zwiebeln weich sind. Chilipaste und Süßkartoffeln hinzufügen und weitere 5 Minuten dünsten.

Die Gemüsebrühe und die Hälfte des Limettensafts hinzugießen. Aufkochen und zugedeckt 15 Minuten köcheln lassen, bis die Süßkartoffeln weich sind. Die Hälfte der Korianderblätter hinzufügen und alles im Mixer oder mit dem Stabmixer zu einer glatten Suppe pürieren.

Die restlichen Zwiebeln mit dem restlichen Limettensaft beträufeln, salzen und mischen.

Die Suppe abschmecken. In Suppenschalen füllen und mit Korianderblättchen, Zwiebeln und Avocadoscheiben garnieren.

15 Min. / 50 Min.

Ein perfektes Rezept für geschäftige Vormittage,
für ein Picknick oder für den kleinen Hunger
zwischendurch.

Süßkartoffel-Feta-Muffins

Für 12 Muffins

300 g Süßkartoffeln,
geschält und grob
geraspelt
2 rote Chilis, fein
geschnitten
50 g Parmesan,
gerieben
3 große Eier
3 EL Hüttenkäse
125 g Vollkornmehl
½ TL Backpulver
50 schwarzer Quinoa,
gekocht
3 EL Kernemischung
(Kürbis-, Sonnenblumen-,
Sesam o. a.)

Den Backofen auf 180 Grad vorheizen. Die 12 Mulden eines
Muffinblechs mit 15 x 15 cm großen Backpapierquadraten
oder mit Papierförmchen auslegen. Mit Öl dünn bestreichen.

Die Süßkartoffeln, die Hälfte der Chilis, fast den gesamten
Parmesan und die restlichen Zutaten, außer den Kernen,
in eine große Schüssel geben und alles gut vermischen.

Den Teig gleichmäßig auf die einzelnen Muffinförmchen verteilen.
Mit den Kernen, der restlichen Chili und dem restlichen Parmesan
bestreuen. Auf der untersten Schiene des Backofens 45 bis
50 Minuten backen, bis die Muffins gut durchgebacken und
goldbraun sind.

vegan, glutenfrei, nussfrei

20 Min. / 45 Min.

Das Geheimnis für gelungene Süßkartoffel-Pommes: Sie müssen gleichmäßig mit einer Schicht Polenta überzogen sein und dürfen sich auf dem Backblech nicht berühren. Die Backzeit kann aber länger als erwartet sein.

Süßkartoffel-Pommes mit Polenta und Rosmarin

Für 6 Personen (als Beilage)

1 kg Süßkartoffeln, geschält
7 EL Olivenöl
2 EL mildes geräuchertes Paprikapulver
3 EL Polenta (feiner Maisgrieß)
1 Knoblauchknolle, Zehen ungeschält leicht gequetscht
3 Zweige Rosmarin, grob zerzupft
Meersalz

Den Backofen auf 200 Grad vorheizen. 2 große Backbleche mit Backpapier belegen.

Die Süßkartoffeln in 1 × 1 cm große und etwa 8 cm lange Stifte schneiden. In eine große Schüssel geben. 4 Esslöffel Öl, das Paprikapulver und den Polentagrieß hinzufügen und alles gut vermengen, sodass die Kartoffelstäbchen gleichmäßig mit der Panade überzogen sind.

Die Pommes auf die Bleche verteilen und im Ofen 15 Minuten backen.

Die Knoblauchzehen und den Rosmarin mit dem restlichen Olivenöl mischen und salzen. Nach 15 Minuten zu den Pommes aufs Blech geben und weitere 30 Minuten backen, dabei alle 10 Minuten wenden, damit die Pommes kross und goldbraun werden. Vor dem Servieren mit Salz bestreuen.

Rote und andere Bete

Die Rote Bete (Rande) mitsamt ihren verschiedenfarbigen Geschwistern ist eine Kulturform der Gemeinen Rübe, *Beta vulgaris*, aus der Familie der Fuchsschwanzgewächse *(Amaranthaceae)*, früher den Gänsefuß-gewächsen zugeordnet. Sie wird seit Jahrhunderten als Nahrungsmittel, aber auch als natürlicher Farbstoff und Heilmittel verwendet.

Inhaltsstoffe

Rote Bete ist ein ausgezeichneter Vitamin- und Mineralstofflieferant. Sie besteht vor allem aus Wasser (87%) und nur zu 8% aus Kohlenhydraten und 2 bis 3% Ballaststoffen. 100 g Rote Bete enthalten:

- 41 kcal
- 1,5 g Eiweiß und 0,1 g Fett
- Nitrate mit positiver Wirkung aufs Herz
- den sekundären Pflanzenstoff Betain, der Leber, Herz und Blutgefäße schützt
- Antioxidantien, unter anderem Alpha-Liponsäure und Glutamin
- Vitamine B, C und A, Kalium, Eisen und reichlich Folsäure

Positive Wirkungen

Rote-Bete-Saft senkt den Blutdruck und verbessert die körperliche Leistungs-fähigkeit. Das in hohem Maße enthaltene Nitrat wird vom Körper in Nitrit und schließlich zu Stickoxid umgewandelt, das als Botenstoff die Arterien ent-spannt, zu einer Erweiterung der Blutgefäße führt und so den Blutdruck senkt. Rote Bete wird für Diabetiker empfohlen und verbessert die Verdauung.

Zubereitung und Verzehr

In der Küche werden sowohl die Wurzeln als auch die Blätter verwendet. Durch Braten oder Rösten kommt die natürliche Süße der Bete am besten zur Geltung. Sie wird aber auch häufig gekocht, eingelegt, als Saft oder roh verwendet. Rote Bete eignet sich für Salate und kann auch zum Färben von Desserts und Gebäck eingesetzt werden.

Sorten

Neben der klassischen Roten Bete gibt es verschiedene andersfarbige Sorten. Sie unterscheiden sich nicht nur in Farbe und Form, sondern variieren auch leicht in Geschmack und Textur.

CHIOGGIA-BETE
(alte Sorte, mit Blättern)

MINI-RÜBEN

GELBE BETE »GOLDEN«

CHIOGGIA-BETE »TONDA DI CHIOGGIA«
(Querschnitt)

Weitere Sorten

Es gibt noch andere, seltenere Sorten:

- **WEISSE BETE** (»Albina Vereduna«/»Vereduna Alba«, »Blankoma«): sehr milder, süßlicher Geschmack und festes Fruchtfleisch. Anders als die Rote Bete verfärbt sie die anderen Zutaten eines Gerichts nicht.
- **GELBE BETE:** Neben der milden Sorte »Golden« gibt es die kleine, sehr süße, orange-gelbe »Burpees Golden«. Roh, in Scheiben geschnitten, im Salat verwenden.
- **RINGELBETEN:** Neben der bekannten Chioggia-Bete gibt es noch andere (alte) Sorten mit dekorativem rot-weißem Ringelmuster wie »Ochsenblut« (Bull's Blood) oder »Non plus ultra«, die beide dunkel purpurfarbene Blätter haben. Am besten roh verwenden oder nur kurz blanchieren und abschrecken, da die Ringelfärbung beim Kochen verloren geht.

Zubereitung von Beten

Gemüse	Empfohlene Zubereitungsart	Menge für 2 Pers.	Menge für 4 Pers.	Kochgeschirr	Flüssigkeitsmenge	Salz	Öl / Butter

Im Dampf

Gemüse	Empfohlene Zubereitungsart	Menge für 2 Pers.	Menge für 4 Pers.	Kochgeschirr	Flüssigkeitsmenge	Salz	Öl / Butter
↑ Rote oder bunte Beten ↓	↑ ja ↓	↑ 250 g ↓		↑ Dampfgarer ↓	5 cm Flüssigkeit im Garbehälter	↑ ½ EL ↓	1 EL Olivenöl

Im Backofen

Gemüse	Empfohlene Zubereitungsart	Menge für 2 Pers.	Menge für 4 Pers.	Kochgeschirr	Flüssigkeitsmenge	Salz	Öl / Butter
↑ Rote oder bunte Beten ↓	↑ ja ↓	↑ 2 Rote Beten ↓		↑ Auflaufform ↓	↑ – ↓	↑ 1 TL ↓	1 EL Olivenöl

In der Pfanne

Gemüse	Empfohlene Zubereitungsart	Menge für 2 Pers.	Menge für 4 Pers.	Kochgeschirr	Flüssigkeitsmenge	Salz	Öl / Butter
↑ Rote oder bunte Beten ↓	↑ ja ↓	↑ 250 g ↓		Gusseisen- oder beschichtete Pfanne	↑ – ↓	↑ 1 TL ↓	1–2 EL Butter oder Öl

Als Suppe

Gemüse	Empfohlene Zubereitungsart	Menge für 2 Pers.	Menge für 4 Pers.	Kochgeschirr	Flüssigkeitsmenge	Salz	Öl / Butter
↑ Rote Beten ↓	↑ ja ↓		↑ 750 g ↓	↑ großer Kochtopf ↓	↑ 1,5 l Gemüsebrühe ↓	↑ 1 TL ↓	↑ 1 EL Butter oder Öl ↓

Eingelegt

Gemüse	Empfohlene Zubereitungsart	Menge für 2 Pers.	Menge für 4 Pers.	Kochgeschirr	Flüssigkeitsmenge	Salz	Öl / Butter
↑ Rote oder bunte Beten ↓	↑ ja ↓		↑ 500 g ↓	↑ tiefe Auflaufform ↓	↑ – ↓	↑ 1 TL ↓	↑ 250 ml Öl ↓

Weitere Zutaten	Tempe- ratur	Zuge- deckt garen	Dampf- garzeit	Anmerkungen
abgeriebene Schale und Saft von 1 Orange, 1 TL Honig, Minzblätter, 2 TL geröstete Kümmelsamen	mittel	ja	45 Min.	Die Beten mit der Schale dampfgaren, dann schälen. Mit Olivenöl, Orangenabrieb und -saft sowie Honig mischen. Mit Minze und Kümmel bestreuen.
-	180 °C	mit Alufolie	50 Min.	Die Beten mit Öl bestreichen und salzen. In Alufolie einwickeln und 50 Minuten backen. Das Fruchtfleisch soll weich und süß sein. Nach dem Garen lässt sich die Schale leicht entfernen.
1 Schuss Balsamico- oder Sherryessig, 1 TL Honig oder brauner Zucker, Kräuter (Thymian, Dill, Petersilie), gehackte Walnüsse	mittel	nein	8–10 Min.	Die Beten schälen, in Würfel schneiden und in Öl oder Butter braten. Essig, Zucker und Thymian hinzugeben und so lange garen, bis das Fruchtfleisch weich ist. Mit Kräutern und Walnüssen bestreuen.
1 Zwiebel, fein geschnitten, 2 Knoblauch- zehen, gehackt, Crème fraîche, Dill	mittel	nein	20 Min.	Zwiebel und Knoblauch in Butter oder Öl anbraten. Die sauber gebürstete, gewürfelte Rote Bete hinzufügen und 5 Minuten anbraten. Brühe hinzugießen, würzen und 10–15 Minuten köcheln lassen. Pürieren.
Knoblauchzehen, angequetscht, Fenchelsamen		nein	2–2 Std. 30 Min.	Weder eine zu kleine noch eine zu große Form benutzen. Beten und Knoblauch hineinlegen, die Fenchelsamen hinzufügen, salzen. Die Beten mindestens bis zur Hälfte mit Olivenöl bedecken. Im Backofen sanft garen; nach der Hälfte der Garzeit wenden. Das Fruchtfleisch soll weich und karamellisiert sein.

vegetarisch, glutenfrei

15 Min. / 45 Min.

Für eine vegane Version den Ziegenjoghurt durch eine pflanzliche Variante aus Kokos- oder Sojamilch ersetzen.

Gebackene Beten mit Betenblätterpesto

Für 4 Personen

12 verschiedenfarbige Mini-Beten, mit Blättern
4 EL Rotweinessig
5 Zweige Thymian
4 Knoblauchzehen, geschält und fein zerdrückt
1 Zitrone, abgeriebene Schale und Saft
3 EL Haselnüsse, geröstet
100 ml Olivenöl
150 g Ziegenjoghurt oder anderer Joghurt
2 EL Dukkah (nordafrikanische Gewürzmischung)
Salz und Pfeffer

Den Backofen auf 200 Grad vorheizen.

Die Beten gründlich waschen und sauber bürsten, in eine ofenfeste Auflaufform legen. Essig, Thymian, Knoblauch, Zitronenabrieb, Salz und Pfeffer hinzufügen. 4 Esslöffel Wasser dazugeben und alles gut mischen, sodass die Beten vollständig mit der Marinade überzogen sind. Die Form mit Alufolie abdecken und im Ofen 45 Minuten backen, dabei gelegentlich umrühren und wenden.

Inzwischen für das Pesto unschöne Blätter entfernen, die restlichen Blätter grob hacken. Mit Zitronensaft, Haselnüssen und Olivenöl im Blitzhacker (Cutter) mixen, bis es die Konsistenz von Pesto hat. Mit Salz und Pfeffer abschmecken.

Wenn die Beten gar sind, die größeren vierteln, die kleineren ganz lassen oder halbieren.

Zusammen mit dem Joghurt und den restlichen Zutaten in der Auflaufform auf Tellern verteilen. Mit Dukkah bestreuen und mit dem Blätterpesto garnieren.

15 Min. / 0 Min.

Ein Salat, der den erdigen Geschmack und die knackige Konsistenz der rohen Bete mit einer cremigen Sauce verbindet. Passt zu jeder Gelegenheit – sei es als Rohkostteller zum Mittagessen oder zu einer Grillparty.

Roher bunter Betensalat

**Für 4 Personen
(als Beilage)**

5 Beten, verschiedene Sorten

2 EL Tahini

1 Zitrone, abgeriebene Schale und Saft

1 grüne Chili, fein geschnitten

150 ml Buttermilch

1 Bund glatte Petersilie

100 g Pistazien, geröstet und gehackt

Salz und Pfeffer

Die Beten schälen und in feine Streifen oder Scheibchen schneiden. In eine große Schüssel geben.

Tahini, Zitronenabrieb und -saft, Chili, Buttermilch und 1 Prise Salz zu einer sämigen Sauce verrühren. Wenn sie zu dickflüssig ist, mit 1 Esslöffel Wasser verdünnen. Abschmecken.

Die Sauce über die Beten gießen und gründlich mischen. Mit Petersilie und gehackten Pistazien bestreut servieren.

VORBEREITEN/KOCHEN

15 Min. / 45 Min.

TIPP

vegetarisch, nussfrei

Für noch mehr Genuss kann man die Brownies
lauwarm mit Crème fraîche, griechischem
Joghurt oder einer Kugel Vanilleeis servieren.

Rote-Bete-Schokoladen-Brownies

Für 12 Brownies
250 g Rote Bete, geschält
und halbiert
250 g Butter, in Würfel
geschnitten
250 g dunkle Schoko-
lade (mindestens 70%
Kakaoanteil), in Stücke
gebrochen
3 große Eier
1 TL Vanillepaste
200 g Vollrohrzucker
150 g Mehl
½ TL Backpulver
Meersalz

Den Backofen auf 180 Grad vorheizen. Eine 20×25 cm große
Backform mit Backpapier auslegen.

Die Rote Bete in einen Topf mit Wasser geben und aufkochen.
Die Temperatur reduzieren und 20 Minuten zugedeckt kochen
lassen. Mit einem Messer prüfen, ob das Fruchtfleisch weich ist.
Abgiessen und leicht abkühlen lassen, dann grob raspeln.

Die Butter und die Schokolade unter ständigem Rühren in einem
Wasserbad schmelzen lassen. Die Unterseite der Schüssel sollte
dabei das Wasser nicht berühren.

Eier, Vanille und Zucker in einer großen Schüssel mit dem Schneebesen verrühren, die Butter-Schokoladen-Mischung dazugeben
und so lange weiterrühren, bis eine glatte Masse entstanden ist.
Mehl, Backpulver und 1 Prise Salz mischen, zu der Schokoladen-
masse geben und unterrühren. Die geraspelte Rote Bete darunterziehen. Den Teig in die Backform füllen. Die Oberfläche glatt
streichen. Im Ofen 25 Minuten backen. Eine in der Mitte eingesto-
chene Messerspitze sollte beim Herausziehen noch leicht feucht
sein und ein paar Krümel daran kleben bleiben. Den Brownie
auf einem Kuchengitter abkühlen lassen, dann in 12 Quadrate
schneiden. Nach Wunsch mit ein paar Salzkörnern bestreut und mit
einem Klecks Schlagsahne oder Crème fraiche servieren.

TIPP

vegetarisch, nussfrei

Die Falafel lassen sich einige Tage im Voraus zubereiten und im Kühlschrank aufbewahren. Sie können heiß oder kalt gegessen werden und eignen sich ideal zum Mitnehmen. Mit grünem Salat und Tzatziki servieren.

Rote-Bete-Falafel

Für 20 Falafel
1 EL Olivenöl
1 Zwiebel, gehackt
1 rote Chili, in kleine
Würfel geschnitten
2 Knoblauchzehen,
gehackt
2 TL Kreuzkümmel,
gemahlen
250 g Rote Bete, gekocht
400 g Kichererbsen,
aus der Dose, abgespült
und abgetropft
125 g Paniermehl,
hausgemacht
1 Ei, verquirlt
Salz und Pfeffer
Olivenöl zum Beträufeln

Den Backofen auf 200 Grad vorheizen.

Das Öl in einer großen Pfanne erhitzen. Zwiebel, Chili und Knoblauch darin 5 Minuten anbraten. Den Kreuzkümmel hinzugeben, umrühren und 1 Minute weiter dünsten.

Die Rote Bete mit Küchenpapier trocken tupfen und in grobe Stücke schneiden. Zusammen mit der Zwiebelmischung, den Kichererbsen, Paniermehl und dem verquirlten Ei in der Küchenmaschine (Blitzhacker) zu einer leicht krümeligen Masse verarbeiten. Abschmecken.

Mit angefeuchteten Händen aus der Masse 20 gleich große Kugeln formen und auf ein mit Backpapier belegtes Blech legen. Mit ein wenig Olivenöl beträufeln, mit etwas Salz bestreuen. Im Ofen 20 bis 25 Minuten backen, bis die Falafel knusprig sind.

Mit seiner schönen roten Farbe ist dieser Hummus ein wahrer Hingucker auf jedem Buffet. Dazu passen geröstetes Brot oder Rohkoststicks.

Rote-Bete-Hummus mit Zitrone

Ergibt 900 g
660 g Kichererbsen aus der Dose, abgespült und abgetropft
4 Rote-Bete-Knollen, gekocht, grob zerkleinert
1 EL Tahini
1 Zitrone, Saft
1 TL Kreuzkümmelsamen
50 ml Olivenöl extra vergine
Salz

Kichererbsen, Rote Bete, Zitronensaft, die Hälfte des Kreuzkümmels und die Hälfte des Olivenöls im Mixer (Blitzhacker) zu einer glatten, cremigen Masse pürieren. Abschmecken.

Den Hummus in einer kleinen Schüssel servieren. Vor dem Servieren mit dem restlichen Olivenöl beträufeln und mit Kreuzkümmelsamen bestreuen.

Es lohnt sich, gleich eine größere Menge davon zuzubereiten. Der Hummus hält sich zugedeckt im Kühlschrank bis zu einer Woche.

TIPP

glutenfrei, nussfrei

Für einen Brunch kann dieser roh marinierte Lachs mit Vollkorn-Sauerteigbrot, Zitronenspalten und Crème fraîche serviert werden.

Rote-Bete-Graved-Lachs

Für 500–600 g
200 g rohe Rote Bete, geschält, grob geschnitten
100 g grobes Salz
60 g Demerara-Rohrzucker
100 ml Wodka
1 großes Bund Dill sowie etwas zum Garnieren
2 Zitronen, abgeriebene Schale und Saft
3 rote Chilis, fein geschnitten
50 g Meerrettich, gerieben (aus dem Glas)
1 Lachsrücken (700 g), mit Haut, ohne Gräten

Rote Bete, Salz, Zucker, Wodka und Dill in der Küchenmaschine (Blitzhacker) zu einer groben Masse pürieren. Zitronenabrieb, Chilis und Meerrettich hinzufügen und unterrühren.

Eine kleine Menge dieser Masse auf der Hautseite des Lachses verteilen, dabei gut in die Haut einreiben. Den Lachs mit der Hautseite nach unten in eine große Auflaufform legen, die restliche Mischung darauf verteilen und wiederum gut einreiben. Das Lachsfleisch muss vollständig damit bedeckt sein. Die Auflaufform großzügig mit Frischhaltefolie abdecken, den Lachs mit einem Gewicht beschweren und rund 40 Stunden im Kühlschrank marinieren lassen.

Den Lachs am besten mit Handschuhen aus der Form nehmen, die überschüssige Marinade abstreifen und die Haut entfernen. Den Lachs mit Küchenpapier trocken tupfen und vor dem Servieren mit einem langen, scharfen Messer schräg in dünne Scheiben schneiden. Auf einer Platte anrichten und mit Dill bestreuen.

5 Min. / 0 Min.

Studien haben die antioxidative, entzündungshem-
mende und entgiftende Wirkung von Rote-Bete-Saft
nachgewiesen. Perfekt, um die Leber zu unterstützen
und Giftstoffe aus dem Körper auszuleiten.

Rote-Bete-Saft zum Frühstück

Für 2 Gläser

2 rohe Rote Beten

2 Karotten

1 Apfel

1 Stück Ingwer (9 cm),
geschält und gehackt

Alle Zutaten in den Entsafter geben und zu Saft pressen.
In Gläser füllen und für einen guten Start in den Tag schluckweise
genießen.

Karotten

Die ursprünglich aus Asien stammende Karotte oder Möhre ist ein Wurzelgemüse, das wie Sellerie, Petersilie, Dill und Fenchel zur Familie der Doldenblütler (*Apiaceae*) gehört. Ihrem hohen Beta-Carotin-Gehalt verdankt sie ihre typisch orange Farbe. Auch die Stiele und die fein gefiederten Blätter sind essbar.

Inhaltsstoffe

Rohe Karotten bestehen aus 88% Wasser, 9% Kohlenhydraten, 2,8% Ballast-stoffen, 0,9% Eiweiß und 0,2% Fett. 100 g rohe Karotten enthalten:

- 40 kcal
- 1200 µg Vitamin A, also das Anderthalbfache der empfohlenen Tagesmenge
- eine bedeutende Menge an Antioxidantien und sekundären Pflanzenstoffen
- Vitamine der B-Gruppe, C und E

Positive Wirkungen

Dank ihres hohen Beta-Carotinoidgehalts wird Karotten neben ihrer positiven Wirkung auf die Gesundheit von Haut, Schleimhaut und Augen auch eine vorbeugende Wirkung gegen bestimmte Krebsarten zugesprochen. Ihre antioxidativen Eigenschaften bekämpfen freie Radikale im Körper; außerdem helfen sie, den Blutzuckerspiegel und die Blutfettwerte zu senken. Ihr hoher Kaliumgehalt wirkt sich positiv auf Blutdruck und Herz-Kreislauf-Erkrankungen aus.

Zubereitung und Verzehr

Ob gedünstet, gebraten, in Wasser gekocht, in Suppen oder Eintöpfen, Karotten verleihen Gerichten eine subtile süßliche Note. Roh verwendet man sie geraspelt oder in Stifte geschnitten, auch als Saft, mit anderen Früchten oder Gemüsesorten gemischt, schmecken sie köstlich.

Sorten

Neben der herkömmlichen orangen Variante gibt es Karotten
in allen möglichen, immer beliebter werdenden Farben wie Rot,
Violett, Gelb oder Weiß.

ORANGE SORTE

BUND-KAROTTEN

CHANTENAY-KAROTTEN

VIOLETTE SORTE

GELBE KAROTTEN

Andere Sorten

Es gibt noch weitere, seltenere Sorten:

- **ROT:** süßer als die orangefarbene Karotte;
  sehr lycopinhaltig
- **WEISS:** weniger süß als die orangefarbene
  Karotte; gut gekocht oder im Ofen gebacken
- **NANTAISE:** eine alte französische Sorte,
  glatt, walzenförmig, knackig zart und süß
- **PARISER MARKT:** kleine (3–4 cm große),
  abgeplattet-runde orangefarbene Frühsorte
- **DANVERS:** eine alte amerikanische Sorte,
  manchmal »half size« genannt

Zubereitung von Karotten

Gemüse	Empfohlene Zuberei- tungsart	Menge für 2 Pers.	Menge für 4 Pers.	Kochgeschirr	Flüssig- keitsmenge	Salz	Öl / Butter

Im Dampf

Gemüse	Empfohlene Zubereitungsart	Menge für 2 Pers.	Menge für 4 Pers.	Kochgeschirr	Flüssigkeitsmenge	Salz	Öl / Butter
Karotte	ja	250 g		Dampfgarer	5 cm Flüssigkeit im Garbehälter	½ EL	1 EL Butter

Im Backofen

Gemüse	Empfohlene Zubereitungsart	Menge für 2 Pers.	Menge für 4 Pers.	Kochgeschirr	Flüssigkeitsmenge	Salz	Öl / Butter
Karotte	ja	250 g		mittelgroße Auflaufform	-	1 TL	1 EL Olivenöl

In der Pfanne

Gemüse	Empfohlene Zubereitungsart	Menge für 2 Pers.	Menge für 4 Pers.	Kochgeschirr	Flüssigkeitsmenge	Salz	Öl / Butter
Karotte	ja	300 g		Große Pfanne oder Gusseisenpfanne	2 EL Wasser	1 TL	je 1 EL Butter und Öl

Als Suppe

Gemüse	Empfohlene Zubereitungsart	Menge für 2 Pers.	Menge für 4 Pers.	Kochgeschirr	Flüssigkeitsmenge	Salz	Öl / Butter
Karotte	ja		1,2 kg	großer Kochtopf	1,8 l Gemüsebrühe	1 TL	2 EL Butter oder Öl

Als »Reis«

Gemüse	Empfohlene Zubereitungsart	Menge für 2 Pers.	Menge für 4 Pers.	Kochgeschirr	Flüssigkeitsmenge	Salz	Öl / Butter
Karotte	ja	5-6 große Karotten	-	-	-	-	2-3 EL Butter

Weitere Zutaten	Temperatur	Zugedeckt garen	Dampfgarzeit	Anmerkungen
↑ Thymianblätter, frisch gemahlener Pfeffer ↓	↑ mittel ↓	↑ ja ↓	↑ 15 Min. ↓	Karotten schälen, halbieren und in Stifte oder in Rädchen schneiden. Der süßliche Geschmack der Karotte harmoniert mit vielen Aromen, z. B. mit Thymian, Butter und Salz würzen.
↑ Thymian, Ahornsirup ↓	↑ 180 °C ↓	↑ nein ↓	↑ 40–45 Min. ↓	Karotten schälen und in 5 cm lange Stücke schneiden. Mit Öl, Salz, Pfeffer und Thymian mischen und 30 Minuten backen. 1 EL Ahornsirup hinzugeben, mischen und 10–15 Minuten weiter backen.
↑ Kreuzkümmelsamen, Honig, Zitronensaft ↓	↑ mittel bis stark ↓	↑ nein ↓	↑ 15 Min. ↓	Butter und Öl in einer Pfanne erhitzen. Kreuzkümmel und Karotten in einer Lage hineingeben und 8–10 Minuten braten. Mit Wasser ablöschen, Honig und Salz hinzufügen und unter Rühren weiter dünsten. Die Karotten sollen weich und glasiert sein. Vor dem Servieren mit Zitronensaft beträufeln.
↑ 1 Zwiebel und 1 Knoblauchzehe, gehackt, 2 cm Ingwer, gerieben, abgeriebene Schale und Saft von 1 Orange ↓	↑ mittel ↓	↑ nein ↓	↑ 35–40 Min. ↓	Die gewürfelten (oder für eine kürzere Garzeit geraspelten) Karotten mit Zwiebel, Knoblauch und Ingwer anbraten. Brühe hinzugeben und so lange köcheln lassen, bis die Karotten weich sind. Für eine gehaltvollere Suppe rote Linsen hinzufügen; die Wassermenge anpassen.
	↑ - ↓	↑ - ↓	↑ - ↓	Geschälte, grob geschnittene Karotten in der Küchenmaschine (Blitzhacker/Cutter) zu reiskornähnlicher Größe hacken. Als knackige, farbige Garnitur über Gerichte streuen. Gut auch in Wokgerichten und Currys. Oder mit Butter und Thymian erwärmen und zu einem Eintopf geben.

Würziger Karottenkuchen

vegetarisch

TIPP

Dieser supereinfache Kuchen ist wunderbar saftig und kann einige Tage im Voraus zubereitet werden.

Für 1 Kuchen von 20 cm Durchmesser

VORBEREITEN / BACKEN
20 Min. / 30 Min.

Öl für die Backformen
240 ml Olivenöl
100 g Naturjoghurt
4 große Eier
335 g heller Muscovado-Zucker

270 g Mehl
½ Päckchen Backpulver
½ TL Zimt, gemahlen
1 TL Kardamom, gemahlen
200 g Pekannüsse, gehackt

300 g Karotten, geraspelt
250 g Mascarpone
100 g Puderzucker
340 g Doppelrahm-frischkäse

01 Den Backofen auf 180 Grad vorheizen. 2 Springformen von 20 cm Durchmesser mit Backpapier auslegen, den Rand fetten. In einer Schüssel Olivenöl, Joghurt und Eier verrühren.

02 Zucker, Mehl, Backpulver, Gewürze und 1 Prise Salz mischen. Zur Eimischung geben, die Karotten und die Hälfte der Pekannüsse hinzufügen und alles gut verrühren.

03 Den Teig gleichmäßig auf die beiden Springformen verteilen. Im Ofen 25 bis 30 Minuten backen. Die Spitze eines in der Mitte eingestochenen Messers soll beim Herausziehen sauber sein. In der Form abkühlen lassen.

04 Mascarpone und Puderzucker verrühren. Den Frischkäse unterziehen. Die Kuchen aus der Form nehmen, mit einer Schicht Mascarponecreme zusammensetzen. Die restliche Creme darauf verteilen und mit Nüssen garnieren.

TIPP

Für ein vegetarisches oder veganes Ofengemüse den Parmesan durch einen pflanzlichen Hartkäse ersetzen.

glutenfrei

Ofengeröstete Karotten mit Polenta und grüner Sauce

Für 4 Personen
1 Bund (verschieden-farbige) Karotten, Kraut abgeschnitten und bei-seitegestellt
200 ml Olivenöl
1 Knoblauchknolle
2 Zitronen, abgeriebene Schale und Saft

Polenta
200 ml Milch
200 g grobe Polenta (Maisgrieß)
125 g Butter
Salz und Pfeffer

Grüne Sauce
Karottenkraut
200 g Parmesan, gerieben
100 g Haselnüsse, geröstet

Parmesan zum Servieren

Den Backofen auf 200 Grad vorheizen.

Die Karotten in eine Auflaufform legen. Mit der Hälfte des Oliven-öls begießen. Die Knoblauchknolle bis auf die letzte Hautschicht schälen, dann oben von der Spitze her 1 cm abschneiden. Die Knoblauchknolle in die Auflaufform legen und mit dem restlichen Öl bedecken. Alles würzen, Zitronenabrieb und die Hälfte des Zitronensafts hinzufügen. Im Backofen 35 Minuten rösten, dabei Knoblauch und Karotten alle 10 Minuten wenden.

Für die Polenta die Milch mit 800 ml Wasser und einer Prise Salz in einem Topf zum Kochen bringen. Den Polentagrieß bei starker Hitze einrieseln lassen und 2 bis 3 Minuten ständig rühren. Dann auf sehr schwacher Hitze weitere 40 Minuten garen, dabei alle 5 Minuten umrühren, bis sich die Polenta vom Topf zu lösen beginnt.

Für die grüne Sauce das Karottenkraut, den restlichen Zitronensaft, 100 g Parmesan, die Haselnüsse und die ausgelösten geschmorten Knoblauchzehen im Mixer (Blitzhacker/Cutter) pürieren.

Den restlichen Parmesan und die Butter unter die Polenta ziehen. Die Karotten auf der Polenta anrichten, etwas Sauce darübergeben und mit Parmesan bestreuen.

TIPP

vegetarisch, glutenfrei

Dieser knackige, würzige und leicht säuerliche Salat ergibt zusammen mit knusprigem Brot eine leckere leichte Mahlzeit oder passt als Beilage zu gegrilltem Lachs für ein schnelles und gesundes Essen.

Rohe Karottennudeln

Für 4 Personen
6 verschiedenfarbige Karotten
1 TL Koriandersamen
1 TL Schwarzkümmel-samen
1 TL Kreuzkümmelsamen
100 g Crème fraîche
1 EL Tahini
2 EL Apfelessig
Salz und Pfeffer
3 EL Kernemischung (Kürbis-, Sonnenblumen-, Sesam), geröstet

Die Karotten mit einem Sparschäler schälen und dann in schmale, lange Streifen (wie Bandnudeln) schneiden. Auf einer Platte oder auf Tellern anrichten.

Die Gewürze in einer kleinen Pfanne bei mittlerer Hitze 1 Minute rösten, bis sie ihr Aroma entfalten. Im Mörser zu grobem Pulver zermahlen.

Crème fraîche und Tahini gut verrühren. Den Apfelessig dazugeben und zu einer glatten Sauce rühren. Mit Salz und Pfeffer abschmecken. Die Sauce über die Karottennudeln gießen, mit der Gewürzmischung und den gerösteten Kernen bestreuen.

TIPP

Ein perfektes Rezept für eine lockere Gästerunde.
Die Auflaufform in die Mitte des Tisches stellen,
sodass sich jede und jeder selbst bedienen kann.

vegetarisch, glutenfrei, nussfrei

Karotten-Rösti
mit pochiertem Ei und Spinat

Für 4 Personen
Rösti

700 g Kartoffeln,
geschält und grob
geraspelt
4 große Karotten,
geschält und grob
geraspelt
75 ml Olivenöl
Salz

Dressing

1 EL Kreuzkümmelsamen
1 TL Dijonsenf
1 Zitrone, abgeriebene
Schale und Saft
50 ml Olivenöl extra
vergine
Salz und Pfeffer

4 große Eier
100 g junge Spinatblätter
50 g Feta, zerkrümelt

Den Backofen auf 180 Grad vorheizen.

Die geraspelten Kartoffeln und Karotten in eine große Schüssel
geben. 1 Prise Salz hinzufügen, mischen und gründlich durch-
kneten. 5 Minuten ruhen lassen. Dann die Kartoffel-Karotten-Masse
auf ein sauberes Küchentuch geben und die Flüssigkeit ausdrücken.
Die Röstimischung in eine Schüssel geben. Das Öl hinzugießen,
würzen und mischen. Die Mischung in Form kleiner Rösti in einer
großen Auflaufform oder auf einem Blech verteilen. Im Ofen
35 Minuten rösten. Die Ränder sollen knusprig sein.

Für das Dressing alle Zutaten mit einer kleinen Prise Salz und
Pfeffer verrühren.

10 Minuten vor Ende der Backzeit in einem Topf Wasser aufkochen.
Die Temperatur reduzieren, sodass das Wasser sanft siedet.
Die Eier einzeln aufschlagen und im leicht kochenden Wasser
pochieren.

Die Spinatblätter in eine heiße Pfanne ohne Fett geben, das Dressing
hinzufügen und rühren, bis die Spinatblätter zusammengefallen
sind. Den Spinat auf den Rösti anrichten, die pochierten Eier und
den zerkrümelten Feta hinzufügen.

5 Min. / 0 Min.

Bereiten Sie ruhig etwas mehr von diesem Salat zu;
er lässt sich gut am nächsten Tag zur Arbeit
mitnehmen. Für Vegetarier: die Fischsauce weglassen
und das Putenhackfleisch durch vegetarisches
Hack ersetzen.

Thai-Karottensalat

Für 4 Personen

100 ml Erdnussöl

300 g Putenhackfleisch

2 EL Knoblauch, gerieben

2 EL Ingwer, gerieben

4 große Karotten

100 g Sojasprossen

1 Bund Thai-Basilikum

Sauce

1 kleine rote Chili,
fein geschnitten

3 EL Fischsauce
(Nuoc-Mam)

3 EL Limettensaft

2 EL Zucker

Das Öl in einer großen Pfanne oder im Wok stark erhitzen.
Das Hackfleisch darin 8 Minuten anbraten und dabei mit einem
Holzlöffel zerkrümeln, bis die Fleischstücke eine Kruste bilden
und goldbraun sind. Knoblauch und Ingwer hinzufügen und noch
3 Minuten weiter braten.

Die Karotten schälen und mit einem Julienne- oder Spiralschneider
in feine, lange Streifen schneiden. Auf einer großen Platte anrichten. Die Sojasprossen und die Basilikumblätter hinzufügen.

Alle Saucenzutaten in einer kleinen Schüssel miteinander verrühren.
Wenn das Fleisch gar ist, die Karotten mit der Sauce beträufeln
und das knusprig gebratene Hackfleisch darüber verteilen.

VORBEREITEN / KOCHEN

5 Min. / 0 Min.

TIPP

Ein belebender Saft, um gut in den Tag zu starten. Sellerie und Karotten enthalten Vitamin A und C, die das Immunsystem stärken.

Karotten-Sellerie-Ingwer-Saft

Für 4 Personen

4 Karotten
1 Staude Sellerie
1 Stück Ingwer
(6–9 cm), geschält und
grob gehackt
einige Eiswürfel zum
Servieren

Alle Zutaten in den Entsafter geben und zu Saft pressen. In 2 große Gläser verteilen. Falls gewünscht, vor dem Servieren noch Eiswürfel hineingeben.

15 Min. / 40 Min.

vegetarisch, glutenfrei, nussfrei

Zu diesem Curry passt Fladenbrot (Roti), Sambal-Sauce und Jasminreis. Für eine vegane Mahlzeit das Ghee durch Pflanzenöl ersetzen.

Sri-lankisches Karotten-Curry mit Kokosmilch

Für 4 Personen
3 EL Ghee
2 große Zwiebeln, fein geschnitten
400 g Karotten, schräg in 4 cm lange Stücke geschnitten
2 grüne Chilis, längs halbiert
1 große Handvoll Curryblätter
½ TL Kurkuma, gemahlen
1 TL Currypulver
1 Zimtstange
400 ml Kokosmilch
400 g Tomaten, gehackt
Reis oder Chapati (indisches Fladenbrot) zum Servieren, nach Wunsch

Das Ghee in einem Kochtopf bei mittlerer Temperatur erhitzen. Die Zwiebeln darin 10 Minuten andünsten, bis sie weich und karamellisiert sind. Karotten, Chilis, Curryblätter und Gewürze hinzufügen und weitere 5 Minuten dünsten.

Kokosmilch und Tomaten hinzugeben, die Temperatur zurückschalten und zugedeckt 25 Minuten köcheln lassen, bis die Karotten weich sind. Je nach Vorliebe mit Reis oder Chapati servieren.

Fermentiertes Gemüse

Fermentation ist der natürliche Prozess, bei dem Mikroorganismen Kohlenhydrate in Alkohol oder Säure umwandeln. Im Fall von Gemüse präsentiert sich die Säure in Form von Essig. Kimchi oder Sauerkraut sind fermentierte Gemüseprodukte, die im Handel erhältlich sind. Man kann aber auch gut mit seinen Lieblingsgemüse-sorten und -gewürzen selbst Gemüse fermentieren.

Inhaltsstoffe

Die in fermentiertem Gemüse enthaltenen Nährstoffe variieren je nach Gemüse-sorte. Fermentiertes Gemüse punktet vor allem durch die Menge der in ihm enthaltenen Probiotika und Nährstoffe. Probiotika sind lebende Mikroorganismen, genau wie Bakterien oder Hefepilze.

Positive Wirkungen

Die Fermentation dient der Konservierung von Lebensmitteln, macht sie zugleich aber auch leichter verdaulich. Fermentierte Lebensmittel enthalten mehr Mikronährstoffe, die für eine gesunde Darmflora sorgen. Die in fermentiertem Gemüse enthaltenen Probiotika, fördern die Verdauung, beugen bestimmten Krankheiten vor und stärken das Immunsystem.

Zubereitung und Verzehr

Fermentiertes Gemüse lässt sich sowohl roh als auch gekocht verzehren. Es eignet sich für Suppen, Salate, Bowls oder Sandwiches. In luftdicht verschlossenen Gläsern ist es mehrere Monate haltbar. Nach dem Öffnen kann das Glas 4 bis 6 Wochen an einem kühlen Ort aufbewahrt werden.

Man benötigt:

Es bedarf keiner komplizierten Ausrüstung, um sein eigenes Gemüse zu fermentieren. Alle Utensilien müssen jedoch vorher sterilisiert werden (siehe Seite 134).

STERILISIERTES EINMACHGLAS

GEFILTERTES WASSER

MEERSALZ

GEWÜRZE/KRÄUTER

ESSIG

Die Top-10-Gemüsesorten:

- Karotte
- Zwiebel
- Chili
- Knoblauch
- Kohl

- Rote Bete (Rande)
- Radieschen
- Blumenkohl
- Gurke
- Grüne Bohnen

Utensilien sterilisieren

TIPP

Vor dem Sterilisieren sicherstellen, dass die Einmachgläser unbeschädigt sind.
Die Gläser erst kurz vor dem Füllen sterilisieren: Sie müssen noch lauwarm sein.

VORBEREITEN / KOCHEN
10 Min. / 10 Min.

Einmachgläser mit Deckel, wenn möglich mit Dichtungsringen

Trichter
Löffel

01 Einmachgläser, Deckel, Trichter und Löffel in heißem Seifenwasser waschen.

02 Dichtungsringe entfernen und in frisch aufgekochtem Wasser einweichen.

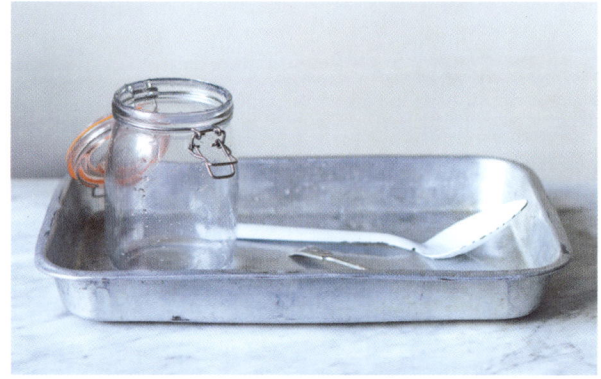

03 Einmachgläser, Deckel, Trichter und Löffel abspülen. Auf ein Backblech legen.

04 Bei niedriger Temperatur 10 Minuten in den Backofen schieben. Die Gläser und Utensilien müssen vollkommen trocken sein.

Gläser füllen

TIPP

Das eingemachte Gemüse vor dem Öffnen mindestens 4 Wochen ruhen lassen. Nach dem Öffnen ist fermentiertes Gemüse 4 bis 6 Wochen im Kühlschrank haltbar.

VORBEREITEN / KOCHEN
10 Min. / 10 Min.

Gemüse nach Wahl
Salz, je nach Methode
heiße Salzlake, je nach Methode

gefiltertes Wasser,
je nach Methode

01 Bei der Fermentation in Salzlake das Gemüse in ein sterilisiertes Einmachglas schichten, dabei oben einige Zentimeter Platz lassen. Bei der Fermentation mit Salz (im eigenen Saft) das Gemüse mit dem Salz, den Gewürzen oder Kräutern mischen, satt in das Glas füllen und pressen.

02 Bei der ersten Methode die Salzlake hinzugießen. Bei der zweiten Methode mit gefiltertem Wasser auffüllen, wenn das Gemüse nicht genügend eigenen Saft gebildet hat.

03 Darauf achten, dass das Gemüse vollständig mit Flüssigkeit bedeckt ist. Das Gemüse mit einem Stößel oder einem Nudelholz nach unten in die Flüssigkeit drücken und alle Luftblasen entfernen.

04 Luftdicht verschließen und abkühlen lassen. Die Gläser an einem kühlen, dunklen Ort aufbewahren. Sie sind mehrere Monate haltbar. Gemüsesorten wie Bohnen oder Gurken werden schneller weich, da sie mehr Wasser enthalten.

TIPP

Nach dem Übergießen der Schalotten mit heißem Essigsud und vor dem Verschließen des Glases darauf achten, dass keine Luftblasen mehr enthalten sind. Die eingelegten Schalotten passen hervorragend zu Käse oder klein gehackt in eine Vinaigrette.

vegetarisch, glutenfrei, nussfrei

Eingelegte Schalotten mit Zitrone und Rosmarin

Für 1 Glas von ca. 1 Liter Inhalt
500 g kleine Schalotten
100 g Salz
1 Zitrone, abgeriebene Schale und Saft
1 Bund Rosmarin
1 EL Fenchelsamen
500 ml Malzessig oder Weißweinessig
200 g heller Honig

Die Schalotten in ein hitzebeständiges Gefäß legen und mit kochendem Wasser übergießen. Sie müssen vollständig bedeckt sein. Abkühlen lassen. Die Schalotten abtropfen lassen und schälen. In eine Schüssel geben, mit dem Salz bestreuen, gründlich vermischen und über Nacht stehen lassen.

Die Schalotten am nächsten Tag abspülen und mit Küchenpapier trocken tupfen.

Zitronenschale und -saft, Rosmarin, Fenchelsamen, Essig und Honig in einen Topf geben und leicht erhitzen, aber nicht kochen, bis sich der Honig vollständig im Essig aufgelöst hat.

Die Schalotten in ein sterilisiertes Glas (siehe Seite 134) schichten und mit dem heißen Essigsud übergießen. Das Glas verschließen, abkühlen lassen und an einem kühlen, dunklen Ort aufbewahren. Nach etwa 1 Monat sind die Schalotten verzehrfertig. Nach dem Öffnen halten sie sich 4 bis 6 Wochen im Kühlschrank.

TIPP

vegan, glutenfrei, nussfrei

Damit sich alle Aromen entfalten können, sollten diese Pickles möglichst ein paar Tage ziehen können. Nach dem Öffnen im Kühlschrank aufbewahren.

Süßsauer eingemachte Rote Bete mit Chili

Für 1 Glas von ca. 1 Liter Inhalt

700 g Rote Bete oder verschiedenfarbige Sorten
100 ml Balsamicoessig
400 ml Weißweinessig
200 g brauner Zucker
3 rote Chilis
½ Zitrone, Saft
1 EL Koriandersamen
Meersalz

Die Beten in einem Topf mit Salzwasser aufkochen. Die Hitze reduzieren und 30 Minuten köcheln lassen, bis sie gar sind. Abtropfen und abkühlen lassen. Sobald sie abgekühlt sind, die Schale mit der Hand abziehen. Größere Knollen vierteln oder halbieren, kleinere ganz lassen.

Essig und Zucker in einen zweiten Topf geben. Die Chilis der Länge nach halbieren und zusammen mit dem Zitronensaft, den Koriandersamen und 1 Prise Meersalz in den Topf geben. Bei starker Hitze unter Rühren zum Kochen bringen, damit sich der Zucker auflöst.

Die Beten in ein sterilisiertes Glas (siehe Seite 134) füllen, dabei gut nach unten drücken. Mit dem heißen Essigsud übergießen. Die Chilischoten hinzufügen, das Glas verschließen und bis zum Öffnen ein paar Tage stehen lassen. Nach dem Öffnen kann das Glas 4 bis 6 Wochen im Kühlschrank aufbewahrt werden.

Karotten-Kimchi mit Kurkuma

Für 1 Glas von
1½ Liter Inhalt
50 g Meersalz
50 g Zucker
1 Chinakohl, je nach
Größe in Viertel, Sechstel
oder Achtel geschnitten
1 Knoblauchknolle, Zehen
ausgelöst und geschält
80 g Ingwer, geschält
20 g frische Kurkuma
60 g Gochugaru (koreanisches Chilipulver)
40 ml Fischsauce
(Nuoc-Mam)
40 ml Sojasauce, salzreduziert
1 EL Crevettenpaste
2 EL Zucker für die Paste
1 Frühlingszwiebel,
fein geschnitten
1 kleine Karotte, in feine
Streifen geschnitten
1 (Nashi-)Birne, geschält,
in feine Streifen geschnitten

Salz und Zucker mit 300 ml Wasser in eine große Schüssel geben und rühren, bis sich Salz und Zucker aufgelöst haben. Den Chinakohl zusammen mit ein paar Handvoll Eiswürfeln hinzufügen und alles mit Wasser bedecken. Den Kohl mit einem Teller beschweren und über Nacht stehen lassen.

Am nächsten Tag das Wasser abgießen und den Kohl abtropfen lassen. Knoblauch, Ingwer, Kurkuma, Chilipulver, Fischsauce, Sojasauce, Crevettenpaste und 2 Esslöffel Zucker im Mixer oder Blitzhacker (Cutter) zu einer glatten Paste pürieren. In einer großen Schüssel Kohl, Frühlingszwiebel, Karotte und Birne gründlich mit der Paste vermengen, dazu am besten Handschuhe tragen.

Die Kohlstücke in ein sterilisiertes 1½-l-Glas (siehe Seite 134) füllen, das Glas verschließen und 2 bis 5 Tage bei Raumtemperatur stehen lassen. Dann für 1 Monat in den Kühlschrank stellen, dabei den Kohl von Zeit zu Zeit im Glas nach unten drücken. Nach dem Öffnen ist das Kimchi 4 bis 6 Wochen im Kühlschrank haltbar.

TIPP

Ideal, um saisonales Gemüse oder auch eine größere Gemüseschwemme aus dem Garten für später haltbar zu machen. Und zudem eine prima Beilage zu Fleisch- und Käseplatten oder aufs Sandwich.

vegan, glutenfrei, nussfrei

Eingelegtes Gemüse

Für 1 Glas
von ca. 1 Liter Inhalt
1 kg Einlegegurken,
Radieschen, Karotten
oder nach Belieben
andere Gemüsesorten
wie Paprika, Zucchini,
Schalotten usw.
130 g grobes unbehan-
deltes Meersalz

Essigsud
1 EL schwarze Pfeffer-
körner
1 EL Koriandersamen
1 EL gelbe Senfkörner
einige Streifen Muskat-
blüte
2 Lorbeerblätter
700 ml Weißweinessig
150 g brauner Zucker
1 Stück Ingwer (5 cm),
geschält und fein
geschnitten

Das Gemüse waschen und trocknen, Stängel und Stielansätze wo nötig entfernen und das Gemüse in die gewünschte Form schneiden. Große Stücke halbieren oder vierteln.

Das Meersalz in einer großen Schüssel in 300 ml kochendem Wasser auflösen, um eine Salzlake herzustellen. Dann 1,2 l kaltes Wasser und anschließend das Gemüse hinzufügen. Zugedeckt über Nacht einweichen lassen. Am nächsten Tag das eingeweichte Gemüse abspülen und abtropfen lassen.

Für den Essigsud in einem Topf die Gewürzzutaten bei schwacher Hitze anrösten, bis sich ihr Aroma entfaltet. Lorbeerblätter, Essig und Zucker hinzufügen. Vorsichtig unter Rühren erhitzen, bis sich der Zucker vollständig aufgelöst hat. Zum Köcheln bringen und zuletzt den Ingwer hinzufügen.

Das Gemüse in ein sterilisiertes Glas (siehe Seite 134) füllen, mit dem heißen Essigsud übergießen und das Glas verschließen. Mindestens 2 Wochen an einem kühlen, dunklen Ort fermentieren lassen. Nach dem Öffnen hält sich das Gemüse 4 bis 6 Wochen im Kühlschrank.

vegan, glutenfrei, nussfrei

20 Min. / 10 Min.

Diese Pickles passen super zu Gemüse oder
Fleisch vom Grill. Man kann sie auch gehackt
zu Pfannengerichten oder als pikanten Kick
auf Sandwiches geben.

Eingelegte Chilischoten

**Für 1 Glas
von ca. 1 Liter Inhalt**

500 g rote und grüne
Chilischoten

15 schwarze Pfeffer-
körner

2 EL Koriandersamen

1 EL Pimentkörner

6 gehäufte EL Zucker

850 ml Weißweinessig

5 TL Fleur de Sel

5 Lorbeerblätter

Die Chilischoten mit einem spitzen Messer mehrmals einstechen,
in eine große Schüssel legen und mit kochend heißem Wasser
übergießen. 5 Minuten einweichen, dann abtropfen lassen und mit
Küchenpapier trocken tupfen.

Alle Gewürze in einen Topf geben und trocken 1 Minute bei
schwacher Hitze rösten. Den Zucker hinzufügen, mit dem Essig
aufgießen und vorsichtig unter Rühren erwärmen, bis sich
der Zucker aufgelöst hat.

Die Chilischoten in ein sterilisiertes Glas (siehe Seite 134) füllen.
Salz und Lorbeerblätter hinzugeben und mit dem Essigsud
übergießen. Die Chilischoten müssen komplett mit der Flüssigkeit
bedeckt sein. Abkühlen lassen, dann das Glas verschließen
und vor dem Öffnen mindestens 2 Wochen im Kühlschrank aufbewahren. Nach dem Öffnen sind die Chilis 4 bis 6 Wochen
an einem kühlen Ort haltbar.

TIPP

vegan, glutenfrei, nussfrei

Ideal für die Fermentierung ist eine möglichst gleichbleibende Temperatur von 18 bis 22 Grad. Bei geringerer Temperatur dauert die Fermentierung länger, bei zu hoher Temperatur besteht die Gefahr von Schimmelbildung.

Sauerkraut

Für 1 Glas von 1½ Liter Inhalt

2 kg Weißkohl, äußere Blätter und Strunk entfernt, fein gehobelt oder in feine Streifen geschnitten

6 EL Fleur de Sel

1 EL Kümmelsamen

2 TL schwarze Pfefferkörner

1 Zitrone, abgeriebene Schale und Saft

Den Kohl in eine große saubere Schüssel geben, Salz hinzufügen und 5 Minuten kräftig kneten, stampfen und pressen. 5 Minuten warten, dann den Vorgang wiederholen: Der Kohl verliert merklich an Volumen, und auf dem Boden der Schüssel bildet sich Saft. Kümmel, Pfefferkörner, Zitronenabrieb und -saft hinzufügen und gut mischen.

Das Kraut in ein sterilisiertes Glas (siehe Seite 134) füllen. Die Oberfläche mit Frischhaltefolie abdecken und eventuell vorhandene Luftblasen herauspressen. Das Kraut mit einem kleinen heiß abgespülten Teller und einem Gewicht beschweren; es sollte fast vollständig mit seinem eigenen Saft bedeckt sein (andernfalls mit etwas Salzlake auffüllen). Das Glas mit Frischhaltefolie abdecken und für mindestens 5 Tage an einem kühlen, trockenen Ort lagern. Das Sauerkraut von Zeit zu Zeit kontrollieren: Die Folie abnehmen, umrühren und die entstandenen Gase entweichen lassen. Wenn sich Schaum bildet, diesen abschöpfen, den Teller mit kochendem Wasser abspülen, wieder auflegen und die Frischhaltefolie erneuern. Im Kraut sollen sich Bläschen bilden. Nach etwa 5 Tagen ist das Kraut verzehrfertig, kann jedoch für einen ausgeprägten Geschmack 2 bis 6 Wochen fermentieren. Wenn das Sauerkraut genügend fermentiert ist, in mehrere, kleinere sterilisierte Gläser umfüllen und im Kühlschrank aufbewahren. Es hält sich so 4 bis 6 Monate. Nach dem Öffnen innerhalb 4 bis 6 Wochen aufbrauchen.

Tomaten

Tomaten sind botanisch gesehen Früchte, nämlich die Beeren, die aus der bestäubten Blüte der Tomatenpflanze hervorgehen. Landläufig zählen sie jedoch zum Gemüse.

Inhaltsstoffe

Tomaten enthalten sehr viel Wasser, wenig Cholesterin und trotz ihres fast süßlichen Geschmacks nur 3,5 g Kohlenhydrate pro 100 g. 100 g rohe Tomaten (2 Stück) enthalten:

- 20 kcal
- 1 g Eiweiß und 1,2 g Ballaststoffe
- etwa ein Drittel des Tagesbedarfs an Vitamin C
- reichlich Beta-Carotin, das vom Körper in Vitamin A umgewandelt wird

- 280 mg Kalium
- ein starkes Antioxidans, das Lycopin, sowie Lutein und Zeaxanthin

Positive Wirkungen

Mit ihrem hohen Gehalt an Antioxidantien haben Tomaten zahlreiche positive gesundheitliche Wirkungen. Während Lycopin in der Vorbeugung gegen Krebs eine Rolle spielt, tragen Lutein und Zeaxanthin zur Gesundheit der Augen bei. Eine Studie hat nachgewiesen, dass die Einnahme dieser Antioxidantien die altersabhängige Makulardegeneration um 25% reduzieren kann.

Zubereitung und Verzehr

Tomaten enthalten viel natürliches Glutamat und liefern damit Umami-Geschmack. Sie lassen sich auf vielfältige Weise verzehren oder zubereiten. In gekochter Form haben Tomaten einen höheren Lycopingehalt. Am besten schmecken vollreife Tomaten in der Hochsaison und möglichst aus biologischem Anbau.

Sorten

Zu den bekanntesten Sorten gehören:

BUSCH- ODER STRAUCHTOMATE

ROMA-TOMATE

FLEISCHTOMATE

ALTE GELBE SORTE »GOLDENE KÖNIGIN«

GREEN ZEBRA

SCHWARZE KRIM

GELBE KIRSCHTOMATE

KIRSCHTOMATE

Zubereitung von Tomaten

Gemüse	Empfohlene Zubereitungsart	Menge für 2 Pers.	Menge für 4 Pers.	Kochgeschirr	Flüssig-keitsmenge	Salz	Öl / Butter

Im Dampf

Tomaten	nein	-	-	-	-	-	-

Im Backofen

Tomaten	ja	250 g		mittelgroße Auflaufform	-	1 TL	1 EL Olivenöl

In der Pfanne

Tomaten	ja	500 g gehackte Tomaten		Gusseisenpfanne oder Pfanne mit hohem Rand	-	1 TL	1 EL

Als Suppe

Tomaten	ja		1,2 kg reife Tomaten	großer Kochtopf	1,2 l Gemüsebrühe	je nach Geschmack	1 EL

Konfiert

Tomaten	ja		2 kg Tomaten	Auflaufform mit hohem Rand	-	2 TL	500 ml Olivenöl extra vergine

Weitere Zutaten	Tempe-ratur	Zuge-deckt garen	Dampf-garzeit	Anmerkungen
↑ – ↓	↑ – ↓	↑ – ↓	↑ – ↓	Dampfgaren ist nicht geeignet, da sich das Fruchtfleisch dabei zersetzt. Zum Häuten Tomaten kreuzförmig einschneiden und 30 Sekunden in kochendem Wasser blanchieren.
	↑ 200 °C ↓	↑ nein ↓	↑ 30 Min. ↓	Ganze, an der Rispe geröstete Tomaten sind eine perfekte Beilage. Man kann sie auch zu Sauce pürieren. Beim Rösten platzt die Haut und bildet Blasen.
1 kleine Zwiebel und 1 große Knoblauchzehe, gehackt, 1 EL Tomatenmark oder 2 EL getrocknete, gehackte Tomaten, 1 TL getrockneter Oregano	↑ mittel ↓	↑ nein ↓	↑ 30 Min. ↓	Zwiebel und Knoblauch bei schwacher Hitze 10 Minuten dünsten. Tomaten, Tomatenmark oder getrocknete gehackte Tomaten hinzufügen, würzen und einkochen. Die Sauce so belassen oder pürieren. Perfekt für Pizza, Pasta oder Eintopfgerichte.
1 Zwiebel, 1 kleine Karotte, 1 Stange Sellerie, alles gewürfelt, 1 TL Tomatenmark, 1 Prise Zucker, frisch gemahlener Pfeffer	↑ mittel bis stark ↓	↑ nein ↓	↑ 30 Min. ↓	Zwiebel, Karotte und Sellerie 5–10 Minuten in Öl anbraten. Tomaten-mark, gehackte Tomaten und restliche Zutaten hinzufügen. Aufkochen und köcheln lassen, bis das gesamte Gemüse weich ist. Mit dem Stabmixer pürieren.
2 Knoblauchknollen, 1 TL Senfkörner, 1 TL Koriandersamen	↑ 150 °C ↓	↑ nein ↓	↑ 2 Std. ↓	Die ganzen Tomaten so dicht wie möglich in die Form legen. Die zerdrückten Knoblauchzehen in der Form verteilen und mit Gewürzen und Salz bestreuen. Die Tomaten so lange im Ofen backen, bis sie karamellisiert sind.

Konfierte Tomaten

vegetarisch, glutenfrei, nussfrei

TIPP

Eine Form wählen, in der die Tomaten dicht an dicht liegen. Ist die Form zu groß, sind die Tomaten nicht ausreichend mit Öl überzogen. Mit griechischem Joghurt servieren.

Für 1 Einmachglas von 1,2 Liter Inhalt
VORBEREITEN / KOCHEN
10 Min. / 2 Std.

2 kg Tomaten, verschiedene Sorten
2 Knoblauchknollen, Zehen mit Schale zerdrückt

1 TL Senfkörner, gemahlen
1 TL Koriandersamen, gemahlen

1 TL Salz
500 ml Olivenöl extra vergine

01 Den Backofen auf 150 Grad vorheizen. Die Tomaten dicht aneinander in eine große Auflaufform füllen. Knoblauchzehen, Gewürze und Salz hinzufügen.

02 Die Tomaten mit Olivenöl begießen, sodass sie zu zwei Dritteln bedeckt sind. 2 Stunden im Ofen konfieren, bis sie karamellisiert und leicht eingekocht sind.

03 Die Tomaten abkühlen lassen. Die Knoblauchzehen herausnehmen, das Fruchtfleisch herausdrücken und zu den Tomaten geben.

04 Die konfierten Tomaten in ein sterilisiertes Einmachglas füllen (siehe Seite 134) und an einem kühlen Ort aufbewahren. Nach dem Öffnen sind sie 2 Wochen im Kühlschrank haltbar.

VORBEREITEN / KOCHEN

10 Min. / 0 Min.

TIPP

Sehr reife Tomaten verwenden. Eine größere Menge Suppe vorbereiten und einen Teil in einem Eiswürfelbehälter einfrieren. Statt als kalte Gazpacho kann die Suppe auch heiß gegessen werden.

vegan, nussfrei

Tomaten-Gazpacho

Für 4 Personen

800 g reife Tomaten, halbiert

½ Gurke, geschält und in grobe Stücke geschnitten, einige kleine Würfelchen zum Servieren beiseitegelegt

2 gegrillte rote Paprika, aus dem Glas

2 Knoblauchzehen

60 g Sauerteigbrot, grob zerzupft

1 EL Sherryessig

50 ml Olivenöl extra vergine

1 Handvoll Basilikumblätter

Tomaten, Gurke, Paprika, Knoblauch, Brot, Essig, Olivenöl, Salz und Pfeffer im Mixer gründlich pürieren.

Die Mischung durch ein feines Sieb abseihen, mit Frischhaltefolie abdecken und einige Stunden im Kühlschrank durchkühlen. Bis hierher kann die Gazpacho auch gut im Voraus zubereitet werden.

Die Suppe in Schalen füllen, mit Basilikum und Gurkenwürfeln bestreuen, mit etwas Olivenöl beträufeln und servieren. Wenn Sie die Suppe sehr kalt mögen, beim Servieren ein paar Eiswürfel hinzufügen.

vegetarisch, glutenfrei, nussfrei

15 Min. / 50 Min.

Mit Basmatireis, Roti oder anderem
Fladenbrot servieren.

Tomaten-Zitronen-Curry

Für 4 Personen
3 EL Ghee
2 Zwiebeln, in grobe
Scheiben geschnitten
8 Knoblauchzehen,
fein geschnitten
1 Zitrone, entkernt,
Fruchtfleisch gehackt
1 TL Kurkuma, gemahlen
20 frische Curryblätter
1 EL Currypulver
400 ml Kokosmilch,
aus der Dose
15 Tomaten, grob
gehackt
50 g Kokosnusschips
Salz

Ghee in einem Topf bei mittlerer Temperatur erhitzen und
die Zwiebeln darin 10 bis 15 Minuten weich dünsten. Knoblauch,
Zitrone und Kurkuma hinzufügen und so lange weiter braten,
bis der Knoblauch anfängt, weich zu werden.

Die Curryblätter beifügen und, sobald sie ihr Aroma zu entfalten
beginnen, das Currypulver hinzugeben. Unter Rühren einige
Minuten weiter dünsten. Kokosmilch und Tomaten dazugeben und
weitere 30 Minuten garen, dabei gelegentlich umrühren.

Die Kokoschips in einer heißen Pfanne ohne Zugabe von Fett
goldbraun rösten.

Das Curry abschmecken. In Schalen füllen, mit den gerösteten
Kokoschips bestreuen und servieren.

15 Min. / 15 Min.

Panzanella

Für 2 bis 4 Personen (als Beilage)
200 g Sauerteigbrot
100 ml Olivenöl
2 Knoblauchzehen, gepresst
600 g reife verschiedenfarbige Tomaten, in Scheiben oder Schnitze geschnitten
1 kleine rote Zwiebel, fein geschnitten
8 Sardellenfilets, in Öl eingelegt, abgetropft und fein gehackt
2 EL Rotweinessig
1 Bund Basilikum
Salz und Pfeffer

Den Backofen auf 180 Grad vorheizen.

Das Brot in 3 cm große Würfel schneiden und auf ein Backblech legen. Mit der Hälfte des Olivenöls beträufeln, den Knoblauch hinzufügen, salzen, pfeffern und alles gut mischen. Im Ofen 15 Minuten rösten, dabei von Zeit zu Zeit wenden, damit das Brot goldbraun und knusprig wird.

Die Tomaten in eine große Salatschüssel geben und mit Salz und Pfeffer würzen. Zwiebel, das geröstete Brot und die Sardellen hinzufügen. Alles von Hand vermengen, dann mit Essig und dem restlichen Olivenöl begießen. Falls nötig, nochmals mit Salz, Pfeffer, Essig oder Öl abschmecken.

Die Basilikumblätter klein zupfen oder schneiden, über den Salat streuen und servieren.

TIPP

nussfrei

Dazu passt ein schnell garendes Gemüse nach Wahl,
zum Beispiel Spargel, Blattgemüse oder Erbsen.
Am besten ein hochwertiges Olivenöl extra vergine
verwenden.

One-Pot-Tomatenspaghetti

Für 4 Personen
400 g Spaghetti
600 g bunte Kirschtomaten, grob gehackt
4 Knoblauchzehen, fein geschnitten
1 rote Chili, fein geschnitten
150 ml Olivenöl extra vergine
1 Zitrone, abgeriebene Schale und Saft
1 Handvoll Basilikumblätter
1 l heiße Gemüsebrühe
Salz und Pfeffer
geriebener Parmesan zum Servieren

Die Spaghetti zusammen mit den Tomaten, dem Knoblauch, Chili, Olivenöl, Zitronenabrieb und -saft, 2 gehäuften Teelöffeln Salz, der Hälfte der Basilikumblätter und der heißen Gemüsebrühe in einen großen Kochtopf mit Deckel geben. Bei starker Hitze zum Kochen bringen, dann zugedeckt etwa 9 Minuten kochen lassen, bis die Spaghetti al dente sind und die Flüssigkeit fast verkocht ist; dabei immer wieder mit einer Zange umrühren und wenden. Abschmecken.

Die Spaghetti auf Teller oder in Schalen verteilen. Mit den restlichen Basilikumblättern garnieren und mit Parmesan bestreut servieren.

Zwiebeln und Knoblauch

Zwiebel und Knoblauch gehören ebenso wie Schalotten, Lauch und Lauchzwiebel zur Familie der Lauchgewächse (*Allium*).

Inhaltsstoffe

Sowohl Zwiebel wie Knoblauch enthalten:

- Vitamin C
- Vitamin B6
- Mangan
- Sulfite

Positive Wirkungen

Knoblauch ist ein natürliches Antibiotikum, das seit Jahrhunderten in der Küche wie auch medizinisch verwendet wird. Zwiebel und Knoblauch enthalten Diallylsulfid, das bei der Bekämpfung bestimmter Bakterien wirksamer als einige Antibiotika sein soll. Die in ihnen enthaltenen Sulfite senken das Krebsrisiko. Vitamin C unterstützt die Kollagenproduktion, die wichtig für gesunde Haut und Haare ist.

Zubereitung und Verzehr

Angedünstete Zwiebeln geben zahlreichen Gerichten Geschmack und eine leicht süßliche Note. Knoblauch wird durch Erhitzen milder im Geschmack, verliert aber auch viele seiner wertvollen Inhaltsstoffe. Roh und fein gehackt können beide in Salaten und Vinaigrettes verwendet werden, ihre Sprossen in Wokgerichten oder Salaten.

Zwiebelsorten

Zwiebeln und ihre Verwandten gibt es in verschiedenen Größen, Formen, Farben und Geschmacksrichtungen.

WEISSE ZWIEBEL

SCHALOTTE

PERLZWIEBEL

GELBE ZWIEBEL

LAUCH

Knoblauchsorten

Neben dem bekannten Gemeinen Knoblauch gibt es weitere, mildere Arten:

- **CHINESISCHER KNOBLAUCH, SOLO-KNOBLAUCH:** besteht aus einer einzigen runden Zehe
- **ELEFANTENKNOBLAUCH:** bis 180 cm hoch und bis 500 g schwere Knollen
- **BÄRLAUCH:** wilder Knoblauch, den man im Unterholz findet; geerntet wird er von April bis Mai

FRÜHLINGSZWIEBEL

ROTE ZWIEBEL

FRISCHER KNOBLAUCH

Zubereitung von Zwiebeln und

Gemüse	Empfohlene Zubereitungsart	Menge für 2 Pers.	Menge für 4 Pers.	Kochgeschirr	Flüssig-keitsmenge	Salz	Öl / Butter

Im Backofen

Gemüse	Empfohlene Zubereitungsart	Menge für 2 Pers.	Menge für 4 Pers.	Kochgeschirr	Flüssig-keitsmenge	Salz	Öl / Butter
Zwiebeln	↑	2 Zwiebeln		↑	↑		↑
Knoblauch	ja	1 Knolle		kleine Auflaufform	-		1 EL Öl
	↓			↓	↓		↓

In der Pfanne

Gemüse	Empfohlene Zubereitungsart	Menge für 2 Pers.	Menge für 4 Pers.	Kochgeschirr	Flüssig-keitsmenge	Salz	Öl / Butter
Zwiebeln	↑	2 große Zwiebeln (450 g)		große Pfanne mit dickem Boden	4–5 EL Wasser (oder nach Bedarf)	1 TL	1 EL gesalzene Butter
Knoblauch	ja	6 Zehen		kleine Pfanne	-	-	60 ml Olivenöl
	↓						

Konfiert

Gemüse	Empfohlene Zubereitungsart	Menge für 2 Pers.	Menge für 4 Pers.	Kochgeschirr	Flüssig-keitsmenge	Salz	Öl / Butter
Zwiebeln	↑		4 große Zwiebeln (weiß, gelb oder rot)	große Pfanne mit hohem Rand	5–6 EL (Wahl nach Wunsch)	¼ TL	2 EL Butter
Knoblauch	ja		3 Knoblauch-knollen, in Zehen zerteilt	kleiner Koch-topf mit dickem Boden	-	-	250–350 ml Olivenöl oder Entenfett
	↓						

Knoblauch

Weitere Zutaten	Tempe-ratur	Zuge-deckt garen	Dampf-garzeit	Anmerkungen
	↑	↑	45–50 Min.	Zwiebelenden an der Wurzelseite abschneiden, nicht schälen. Im Ofen backen, bis das Fruchtfleisch weich und karamellisiert ist.
	180 °C	nein	30–45 Min.	Ganze Knollen oder einzelne ungeschälte Zehen im Backofen garen. Sobald sie gar sind, das Fruchtfleisch aus der Schale drücken, auf Brot streichen oder in Vinaigrettes oder Saucen verwenden.
	↓	↓		
	niedrig	↑	35–50 Min.	Zwiebeln schälen, halbieren und in 5 mm dünne Scheiben schneiden. Butter schmelzen und die Zwiebeln darin einige Minuten unter Rühren anbraten. Die Temperatur reduzieren und unter Rühren weiter braten: die Zwiebeln sollen weich, goldbraun und karamellisiert sein. Falls die Zwiebeln zu stark bräunen, etwas Wasser hinzugießen.
		nein		
	mittel bis niedrig		3–5 Min.	Knoblauchzehen schälen und in feine Scheiben schneiden. In leicht erhitztem Öl anbraten, bis sie langsam goldbraun werden. Das in der Pfanne verbliebene Öl durch ein feines Sieb passieren, den Knoblauch auf Küchenpapier legen: Er wird beim Abkühlen knusprig. Das Knoblauchöl für andere Gerichte oder Vinaigrettes verwenden.
		↓		
2 TL brauner Zucker, ¼ TL gemahlener schwarzer Pfeffer, 1 Zweig Thymian, 2 TL Balsamicoessig	mittel bis niedrig	ja	↑	Zwiebeln schälen, halbieren und in 5 mm dünne Scheiben schneiden. Butter in einer Pfanne schmelzen, Zwiebeln und Zucker hinzufügen und umrühren. Die Zwiebeln mit angefeuchtetem Backpapier abdecken, die Temperatur reduzieren und 15–20 Min. zugedeckt garen. Sie sollen weich und süß sein. Deckel und Backpapier entfernen, die restlichen Zutaten hinzufügen und unter Rühren weiter garen.
			45–60 Min.	
2 Lorbeerblätter, 3 EL schwarze Pfefferkörner oder rosa Pfefferbeeren	niedrig	nein		Die Knoblauchzehen schälen, zerdrücken und mit Lorbeerblättern und Pfefferkörnern in einen kleinen Topf geben. Mit Öl bedecken und dieses vorsichtig auf 100 °C erhitzen. 10 Minuten simmern lassen, dann die Temperatur reduzieren und 30 Minuten bei sehr schwacher Hitze garen.
			↓	

Egal ob Ziegenkäse, Greyerzer oder Feta – diese Tarte lässt sich mit beliebigen Käsesorten zubereiten. Zusammen mit einem einfachen grünen Salat ein sommerliches Mittagessen.

Zwiebeltarte

Für 4 Personen

5 EL Ghee oder Butter
850 g große Zwiebeln, fein geschnitten
320 g Blätterteig, rechteckig ausgerollt
1 Ei, verquirlt
2 EL Dijonsenf
2 EL Kapern
100 g Erbsen, tiefgefroren
½ TL Thymianblätter
100 g Greyerzer, grob zerkleinert

Den Backofen auf 180 Grad vorheizen.

Ghee oder Butter in einem großen Topf erhitzen, die Zwiebeln darin auf mittlerer Hitze 5 Minuten braten. Die Hitze reduzieren und zugedeckt weitere 30 Minuten garen, dabei alle 5 Minuten umrühren. Den Deckel abnehmen und bei höherer Temperatur unter regelmäßigem Rühren noch so lange braten, bis die Zwiebeln gebräunt und karamellisiert sind.

Den Blätterteig auf ein mit Backpapier belegtes Blech legen. Mit einem scharfen Messer 2 cm vom Rand entfernt den Teig einschneiden, ohne ihn dabei durchzuschneiden. Den Rand mit dem verquirlten Ei bestreichen. Die Teigfläche mit Senf bestreichen und die Zwiebeln darauf verteilen. Mit Kapern, Erbsen, Thymian und Käsestücken bestreuen.

Im Ofen 20 Minuten backen; der Teig soll goldbraun sein.

vegan, glutenfrei, nussfrei

30 Min. / 1 bis 1½ Std.

Das weiche gegarte Fruchtfleisch auf geröstetes Brot streichen oder unter Salate oder Eintopfgerichte mischen. Konfierter Knoblauch passt auch ausgezeichnet zu Eiern, das Konfieröl verleiht Vinaigrettes eine besondere Note.

Konfierter Knoblauch

Für ein Einmachglas von ca. ½ Liter Inhalt

5 Knoblauchknollen, in Zehen zerteilt und geschält
2 Schalotten, geschält und geviertelt
3 Lorbeerblätter
4 Thymianzweige
1 rote Chili, mit der Messerspitze eingestochen
300 ml Olivenöl
Salz

Den Backofen auf 150 Grad vorheizen.

Knoblauch, Schalotten, Lorbeerblätter, Thymian und Chili in eine ofenfeste Form geben. Mit 1 Teelöffel Salz bestreuen und mit dem Olivenöl begießen. Das Öl soll den Knoblauch und die Schalotten ganz bedecken.

Im Backofen 1 bis 1½ Stunden sanft gar ziehen lassen, bis der Knoblauch weich und karamellisiert ist.

Die Form aus dem Ofen nehmen und alle Zutaten in ein sterilisiertes Einmachglas (siehe Seite 134) füllen.
Das Glas verschließen und den konfierten Knoblauch 1 bis 2 Wochen im Kühlschrank aufbewahren. Die Zehen immer mit einem sauberen Löffel entnehmen.

VORBEREITEN / KOCHEN

20 Min. / 30 Min.

TIPP

Mit einem knackigen grünen Salat ergibt dieser würzig-gehaltvolle Risotto eine vollständige Mahlzeit, passt aber auch gut zu einem Stück Fleisch.

glutenfrei, nussfrei

Zwiebel-Knoblauch-Risotto

Für 4 Personen
1,1 l Gemüsebrühe
4 EL Olivenöl
10 Knoblauchzehen, in feine Scheiben geschnitten
2 große Zwiebeln, klein gewürfelt
½ Staude Sellerie, klein gewürfelt
400 g Risottoreis
500 ml trockener Weißwein
100 g Butter
150 g Parmesan, gerieben, sowie Parmesan zum Servieren
Salz und Pfeffer

Die Brühe in einem Topf auf mittlerer Temperatur erhitzen.

Den Knoblauch in einem Topf mit dickem Boden im Olivenöl 3 Minuten anbraten, bis er goldbraun und knusprig ist. Auf einem Teller beiseitestellen. Dann im gleichen Topf Zwiebeln und Sellerie auf mittlerer Hitze 15 Minuten dünsten; sie sollen weich, aber nicht gebräunt sein.

Den Reis hinzufügen, die Temperatur erhöhen und 1 Minute glasig dünsten. Mit dem Weißwein ablöschen und einige Minuten umrühren, bis der Alkohol verdampft ist. Die heiße Brühe mit der Schöpfkelle nach und nach hinzugeben, jedes Mal abwarten, bis die Flüssigkeit vom Reis aufgesogen ist. Den Vorgang unter ständigem Rühren so lange wiederholen, bis der Reis gar, aber noch leicht bissfest ist. Die Garzeit beträgt etwa 15 Minuten.

Den Topf von der Herdplatte nehmen, Butter und Parmesan unterrühren und den Risotto mit Salz und Pfeffer abschmecken. Zugedeckt noch 2 Minuten ziehen lassen. Den Risotto mit dem gerösteten Knoblauch und Parmesan bestreut servieren.

TIPP

vegetarisch, glutenfrei, nussfrei

Für eine vegane oder laktosefreie Version die Butter durch Olivenöl ersetzen. Für Käseliebhaber das Gericht mit etwas Feta oder geröstetem Halloumi bestreuen.

Ofengebackene Zwiebeln auf persische Art

Für 4 Personen

8 weiße Zwiebeln
3 Lorbeerblätter
4 Knoblauchzehen
800 g Tomaten aus der Dose, geschält
1 TL Zimt, gemahlen
1 EL persische Gewürzmischung (Advieh)
300 g Basmatireis
200 g Butter, in Würfel geschnitten
1 Handvoll Kräuter (Minze, Petersilie und Dill)
Salz und Pfeffer

Den Backofen auf 190 Grad vorheizen.

Die Zwiebelenden an der Wurzel abschneiden. Die Zwiebeln in eine Schüssel legen, mit kochendem Wasser bedecken und 10 Minuten einweichen lassen.

Die übrigen Zutaten, bis auf die Kräuter, in eine tiefe 20 × 30 cm große Auflaufform geben. 200 ml kochendes Wasser hinzugießen, salzen und pfeffern.

Die Zwiebeln abtropfen lassen und anschließend schälen. In die Auflaufform setzen und bis zur Hälfte in die Reis-Tomaten-Masse drücken. Die Form mit Alufolie bedecken und 30 Minuten im Ofen backen.

Die Form aus dem Ofen nehmen und die Sauce durchrühren. Dann die Form ohne Alufolie wieder in den Ofen stellen und weitere 20 Minuten backen. Vor dem Servieren mit den Kräutern bestreuen.

Knoblauch-Mandel-Suppe

TIPP

Anstelle von geröstetem Knoblauch können Sie auch konfierten Knoblauch (Rezept Seite 168) verwenden. Das macht das Gericht noch schmackhafter.

Für 4–6 Personen

VORBEREITEN / KOCHEN

15 Min. / 40 Min.

4 große Knoblauchknollen, Zehen ungeschält, leicht gequetscht
50 ml Olivenöl
2 Zwiebeln, fein geschnitten

200 ml Crème fraîche
1 l Hühnerbrühe
300 g Ciabatta, grob zerzupft
2 EL Sherryessig

100 g ganze geschälte Mandeln, geröstet
Salz und Pfeffer

01 Den Backofen auf 180 Grad vorheizen. Den Knoblauch in eine Auflaufform geben und mit der Hälfte des Olivenöls beträufeln. 25 Minuten im Ofen backen, nach der Hälfte der Zeit umrühren.

02 Das restliche Öl in einer Pfanne mit dickem Boden erhitzen und die Zwiebeln darin 10 Minuten weich und glasig dünsten. Von der Herdplatte nehmen.

03 Wenn der Knoblauch gar ist, die Form aus dem Ofen nehmen und die Zehen so weit abkühlen lassen, dass man das Fruchtfleisch aus der Schale drücken kann. Zusammen mit der Crème fraîche und der Brühe zu den Zwiebeln geben.

04 Ciabattabrot und Essig hinzufügen und 5 Minuten köcheln lassen. Dann die gerösteten Mandeln dazugeben. Den Topf von der Herdplatte nehmen und alles mit dem Stabmixer pürieren. Mit Olivenöl beträufelt und mit gemahlenem Pfeffer bestreut servieren.

glutenfrei, nussfrei

20 Min. / 1 Std. 10 Min.

Wem das Schälen zu mühsam ist, kann die Knoblauchzehen 5 Minuten in kochendes Wasser einlegen,
dann abtropfen lassen. Die Schalen lassen sich so
leicht entfernen.

Huhn mit 40 Knoblauchzehen

Für 4 Personen

4 Knoblauchknollen
(ca. 40 Knoblauchzehen)
60 g Butter
1 ganzes Huhn, küchen-
fertig
500 ml Weißwein
1 kg neue Kartoffeln
1 Bund Estragon
300 g Erbsen
190 ml Crème fraîche
1 Zitrone, Saft
Salz und Pfeffer

Den Backofen auf 250 Grad vorheizen.

Die Knoblauchknollen in einzelne Zehen zerteilen, diese
aber nicht schälen.

Die Butter in die Haut des Huhns einmassieren, mit Salz
und Pfeffer würzen.

Die Hälfte der Knoblauchzehen in der Mitte einer hochwandigen
Auflaufform verteilen. Die restlichen Knoblauchzehen in die
Bauchhöhle des Huhns stecken, dann das Huhn in die Auflaufform
legen. Den Weißwein angießen, Kartoffeln und Estragon hinzufügen. Das Huhn im Backofen etwa 1 ¼ Stunden braten, dabei
regelmäßig mit Bratensaft begießen. Das Fleisch anstechen, um zu
prüfen, ob es vollständig durchgegart ist.

Das Huhn aus der Form nehmen und auf ein Schneidebrett setzen.
Die Auflaufform bei niedriger Temperatur auf den Herd stellen.
Erbsen und Crème fraîche hineingeben und gründlich vermengen.
Den Zitronensaft hinzugießen und falls nötig nachwürzen.

Das Huhn in die Form zurücklegen und sofort servieren oder
auf dem Schneidebrett in Stücke schneiden und mit den Beilagen
anrichten.

Zwiebel-Knoblauch-Bhajis

vegan, glutenfrei, nussfrei

TIPP

Diese knusprigen, würzigen, frittierten Küchlein eignen sich perfekt für einen kleinen Imbiss oder zum Aperitif. In Sauce dippen oder mit einem Mango-Chutney servieren.

Für 18 Stück

VORBEREITEN / KOCHEN
10 Min. / 10 Min.

3 Zwiebeln, fein geschnitten
5 Knoblauchzehen, fein geschnitten

200 g Kichererbsenmehl
½ TL Backpulver
30 Curryblätter
½ TL Chilipulver

½ TL Kurkuma, gemahlen
1 grüne Chili, fein geschnitten
Öl zum Frittieren
Salz

01 Zwiebeln und Knoblauch in einer großen Schüssel in kaltem Wasser einweichen.

02 Mehl, Backpulver, Curryblätter, Gewürze, Chilischote und 1 Teelöffel Salz in einer zweiten Schüssel gut vermischen. 100 ml kaltes Wasser hinzugießen und alles zu einem zähflüssigen Teig verrühren.

03 Zwiebeln und Knoblauch abtropfen lassen und unter die Masse heben. Öl 5 cm in eine Pfanne füllen und erhitzen. Zum Prüfen der Temperatur einen Klecks Teig hineingeben: wenn er an die Oberfläche steigt und sich Bläschen bilden, hat das Öl die richtige Temperatur.

04 Für jedes Küchlein 1 Esslöffel Teig in das heiße Öl geben. 3 bis 4 Minuten frittieren, dabei einmal wenden. Auf Küchenpapier abtropfen lassen. Mit Salz bestreuen und warm halten, bis alle frittiert sind.

Sprossen

Man kann viele verschiedene Samen keimen lassen. Sie sind alle ausgezeichnete Nährstofflieferanten. Verzehrt werden die Keimlinge, also die gekeimten Samen selbst, und die Sprossen, die daraus entstehenden kleinen Pflänzchen mit den ersten Blättchen.

Inhaltsstoffe

Sprossen sind wahre Kraftstoffpakete. Sie sind reich an Eiweiß und sekundären Pflanzenstoffen, die die Pflanze zum Wachstum benötigt – daher auch ihr bemerkenswerter Nährwertgehalt, der sich je nach Sorte nur unwesentlich unterscheidet. Als Beispiel seien hier Alfalfasprossen genannt; 100 g davon enthalten:

- 32 kcal
- Vitamine A, B1, B6, C, E und K
- eine große Palette an sekundären Pflanzenstoffen: Saponine, Flavonoide und Phytoöstrogene
- Mineralstoffe: Phosphor, Zink, Eisen und Magnesium

Positive Wirkungen

Der Keimprozess bricht die im Gemüse enthaltenen komplexen Verbindungen auf, was Sprossen zu quasi »vorverdauten« Lebensmitteln macht. Ihr Gehalt an Vitaminen, Fettsäuren, Eiweiß und Ballaststoffen nimmt mit fortschreitendem Keimprozess zu. Ihr hoher Gehalt an Antioxidantien wirkt entzündungshemmend, weshalb sie auch bei entzündlichen Erkrankungen wie Arthritis und Nierenproblemen empfohlen werden.

Zubereitung und Verzehr

Roh, in Salaten, Sandwiches oder als Beilage.

Sorten

Es gibt zahllose Samensorten, die sich zum Keimen eignen.
Hier die bekanntesten:

ALFALFA (LUZERNE)

MUNGOBOHNE

SOJASPROSSEN

KICHERERBSEN-
SPROSSEN

ERBSENSPROSSEN

KRESSESPROSSEN

Weitere Sorten

- **BROKKOLISPROSSEN:** 3 bis 4 Tage Keimdauer; die Sprossen ähneln denen von Alfalfa
- **BOCKSHORNKLEESPROSSEN:** milder, curryähnlicher Geschmack
- **RADIESCHEN- ODER RETTICHSPROSSEN:** scharfer, pfeffriger Geschmack
- **WEIZENGRAS:** gekeimte Weizenkörner, deren Triebe sich nach 2 Tagen zeigen

Samen keimen lassen

TIPP

Man benötigt ein Glasgefäß mit einem Stück Gaze, ein Keimgerät, Sprossenglas oder Sprossenturm. Wichtig: Falls Schimmelspuren auftauchen, die Samen wegwerfen und neu anfangen.

Ergibt ca. 50 g

VORBEREITEN / KOCHEN
5 Min. / 0 Min.

2 EL Gemüsesamen, Getreidekörner oder Hülsenfrüchte zum Selberziehen

01 Die Samen unter fließendem kaltem Wasser abspülen.

02 Ein großes Glasgefäß zu etwa einem Drittel mit Samen füllen, dann bis zu drei Vierteln mit warmem Wasser bedecken. Das Glasgefäß verschließen und die Samen über Nacht einweichen.

03 Die Samen am nächsten Tag mit reichlich Wasser durchspülen. Den Deckel abnehmen, das Glas mit einem Stück Gaze bedecken und mit einem Gummiband befestigen. Anschließend das Glas auf den Kopf stellen.

04 Die Samen 2 bis 5 Tage lang täglich durchspülen und abtropfen lassen, bis sich die Sprossen bilden. Nach Ende der Keimdauer die Sprossen gründlich abspülen und im Kühlschrank aufbewahren. Innerhalb von 2 bis 3 Tagen verbrauchen.

Das Keimen von Samen

Einweich-dauer	Abspülen und Abtropfen	Keim-dauer	Erntezeitpunkt	Anmerkungen

Sonnenblume

| 8–12 Std. | alle 8 Std. | 1–3 Tage | Wenn sich kleine Triebe bilden. | Samen mit oder ohne Samenhülle verwenden. Geröstete Samen lassen sich nicht keimen. In Salaten, Sandwiches, Wraps oder Smoothies verwenden. |

Kürbis

| 8 Std. | alle 8 Std. | 3 Tage | Wenn sich kleine Triebe bilden. | Relativ schwer zu keimende Samen. Über Nacht in heißem Wasser einweichen. Passt zu Salaten, in Sandwiches oder Wraps. |

Hanf

| 4–12 Std. | 2-mal pro Tag | 3–6 Tage | Wenn sich die Blättchen öffnen. | Geschmack ähnlich wie der von Sonnenblumensprossen. In Salaten, Sandwiches oder Wraps verwenden. |

Kresse

| 4–12 Std. | alle 12 Std. | bis zu 5 Tage | Wenn sich die Blättchen öffnen. | Ideal für Salate, Sandwiches, Wraps; auch als Suppengarnitur geeignet. |

Senf

| 6–12 Std. | 2- bis 3-mal pro Tag | bis zu 6 Tage | Wenn die meisten Blätt-chen geöffnet sind. | Ziemlich scharfer Geschmack. Als Salatzutat geeignet. |

Rettich

| 6–12 Std. | 2- bis 3-mal pro Tag | bis zu 6 Tage | Wenn sich die Blättchen öffnen. | Scharfer Geschmack. Als Salatzutat geeignet. |

Brokkoli

| 6–12 Std. | 2- bis 3-mal pro Tag | bis zu 6 Tage | Wenn sich die Blättchen öffnen. | Kräftig würziger, pikanter Geschmack. In Salaten oder als Suppengarnitur verwenden. |

Einweich-dauer	Abspülen und Abtropfen	Keim-dauer	Erntezeitpunkt	Anmerkungen

Bockshornklee

6–12 Std.	2- bis 3-mal pro Tag	bis zu 6 Tage	Wenn sich die Blättchen öffnen.	In Salaten oder Suppen verwenden.

Grünkohl

6–12 Std.	2- bis 3-mal pro Tag	bis zu 6 Tage	Wenn sich die Blättchen öffnen.	In Salaten, Sandwiches oder als Garnitur.

Kichererbsen

24 Std.	2- bis 3-mal pro Tag	bis zu 4 Tage	Wenn sich kleine Keime gebildet haben.	Für einen besonders vitaminreichen Hummus, in Salaten oder als Garnitur verwenden.

Alfalfa (Luzerne)

8–12 Std.	2- bis 3-mal pro Tag	bis zu 6 Tage	Wenn sich die Blättchen öffnen.	Verleiht Salaten oder Sandwiches eine knackige Note. Auch für Pfannengerichte geeignet.

Rotklee

8–12 Std.	2- bis 3-mal pro Tag	bis zu 6 Tage	Wenn sich die Blättchen öffnen.	Etwas milder als Alfalfa. Köstlich in Salaten oder als Garnitur.

Mungobohne

6–12 Std.	2- bis 3-mal pro Tag	bis zu 5 Tage	Wenn sich kleine Wurzeln bilden.	In Pfannengerichten oder Salaten.

Linsen

7 Std.	2- bis 3-mal pro Tag	bis zu 3 Tage	Wenn sich kleine Wurzeln bilden.	In Pfannengerichten oder Salaten.

Für die Zubereitung dieser Bowl am besten
Saisongemüse verwenden. Für eine reichhaltigere,
eiweißreiche Mahlzeit knusprig gebratenes
Hühnchen oder Tofu-Steaks dazu servieren.

Power Bowl

Für 2 Personen

150 g Hummus, fertig
gekauft oder selbst
gemacht
½ Zitrone, Saft
1 grüne Chili, fein
geschnitten
2 bunte Beten
100 g Quinoa, gekocht
100 g Erbsensprossen
1 große Handvoll Basili-
kum- und Minzblätter
50 g Kernemischung
(Kürbis-, Sonnenblumen-,
Sesam), geröstet

Den Hummus mit Zitronensaft und fein geschnittener Chili
verrühren. Gleichmäßig auf zwei Schalen oder tiefe Teller
verteilen und etwas auf dem Boden verstreichen.

Die Beten mit dem Gemüsehobel oder einem scharfen Küchenmesser in dünne Scheiben schneiden.

Quinoa, Sprossen, Bete-Scheiben und die Kräuter auf dem
Hummus verteilen. Am Schluss mit den gerösteten
Kernen bestreuen.

VORBEREITEN / KOCHEN

10 Min. / 5 Min.

TIPP

glutenfrei, nussfrei

Der cremige Skyr punktet mit wenig Fett und hohem Proteingehalt. Für eine vegane Version den Parmesan weglassen und Kokos- oder Sojajoghurt verwenden.

Alfalfasprossen-Salat mit geröstetem Mais

Für 4 Personen

3 Maiskolben, Hüllblätter entfernt und Körner abgestreift
4 EL Olivenöl
1 kleine Schalotte, in Ringe geschnitten
1 rote Chili, fein geschnitten
2 Limetten, abgeriebene Schale und Saft
200 ml Skyr oder griechischer Joghurt
60 g Parmesan, gerieben
150 g Alfalfasprossen
Salz und Pfeffer

Eine große Pfanne mit dickem Boden ohne Zugabe von Fett erhitzen und die Maiskörner unter ständigem Rühren darin rösten, bis sie anfangen zu platzen.

Olivenöl, Schalotte, Chili und Abrieb sowie Saft von 1 Limette in einer kleinen Schüssel miteinander verrühren. Mit Salz und Pfeffer abschmecken.

Skyr oder Joghurt mit dem Parmesan verrühren (etwas Parmesan zum Servieren zurückbehalten), mit Salz und Pfeffer abschmecken. Den restlichen Limettenabrieb und -saft hinzufügen und die Joghurtmischung auf die Teller verteilen. Die Maiskörner und die Alfalfasprossen darauf anrichten und zum Schluss mit etwas Parmesan bestreuen.

TIPP

vegan, glutenfrei, nussfrei

Dieser knusprige, würzige Salat ist eine wunderbare Art, Sprossen warm zuzubereiten. Für eine sättigendere Mahlzeit Süßkartoffelstücke mitbacken und mit Petersilie und Minze garnieren.

Alfalfasprossen-Salat mit Grünkohl und Kichererbsen

Für 4 Personen
100 ml Olivenöl
1 EL Kreuzkümmelsamen
1 EL Apfelessig
400 g roter Grünkohl
100 g Alfalfasprossen
700 g Kichererbsen
(Dose oder Glas),
abgetropft
2 EL Rosen-Harissa
1 Granatapfel, Kerne
ausgelöst
Salz und Pfeffer

Den Backofen auf 220 Grad vorheizen.

Das Olivenöl in eine große Schüssel gießen, Kreuzkümmelsamen, Essig und 1 Prise Salz und Pfeffer hinzufügen und gründlich verrühren.

Die Grünkohlblätter von den groben Stängeln schneiden und in größere Stücke zerteilen. Mit der Vinaigrette gründlich vermischen und auf 2 große Backbleche verteilen. Im Ofen 5 Minuten backen. Dann die Alfalfasprossen hinzugeben, untermischen und weitere 5 bis 10 Minuten backen, bis die Alfalfasprossen und der Grünkohl knusprig sind.

In einer Schüssel die Kichererbsen mit Harissa und Granatapfel-kernen vermengen und abschmecken. Grünkohl und Alfalfa-sprossen hinzufügen, alles mischen und sofort servieren.

VORBEREITEN / KOCHEN

20 Min. / 0 Min.

vegan, glutenfrei

Für eine sättigendere Mahlzeit mit frittierten
Auberginen- und Tofustücken als vegane Variante
oder mit gegrillten Riesengarnelen servieren.

Thailändischer Sprossensalat mit Cashewkernen

Für 4 Personen
4 verschiedenfarbige
Karotten
1 Bund Koriander
1 Bund Minze
150 g Sprossenmischung
oder Kichererbsen-
sprossen
100 g Cashewkerne,
geröstet und gehackt
1 Mango, geschält und
in Scheiben geschnitten

Würzsauce
2 EL Limettensaft
1 EL Sojasauce
1 TL geröstetes Sesamöl
1 rote Chili, fein gewürfelt
1 Stück Ingwer (5 cm),
geschält und gerieben

Alle Saucenzutaten in einer Schüssel miteinander verrühren.

Die Karotten mit einem Spiralschneider, falls vorhanden,
in lange, feine Streifen oder sonst mit dem Sparschäler in dünne
Bänder schneiden. In eine Schüssel geben, die abgezupften
Koriander- und Minzeblätter, Sprossen und Cashews hinzufügen
und alles miteinander vermengen. Zusammen mit den Mango-
scheiben auf einer großen Platte oder auf Tellern anrichten
und vor dem Servieren mit der Sauce beträufeln.

Eine ganz einfache Neuinterpretation des indischen Bhel Puri. Für eine herzhaftere Variante gekochte Kartoffelstücke, Granatapfelkerne und Dill hinzufügen.

Indischer Mungobohnen-sprossen-Salat

Für 4 Personen

1 Zitrone, abgeriebene Schale und Saft
1 TL Tamarinden-Chutney
1 TL Kreuzkümmelsamen, geröstet
1 großes Bund Koriander
100 g Naturjoghurt
2 große Tomaten, in Würfel geschnitten
1 mittelgroße Gurke, in Würfel geschnitten
1 große Zwiebel, in kleine Würfel geschnitten
100 g Mungobohnen-sprossen
200 g Papadams (frittierte, indische Fladen), grob zerbrochen
Salz und Pfeffer

Zitronenabrieb und -saft mit Tamarinden-Chutney und Kreuzkümmelsamen in einer kleinen Schüssel mischen und abschmecken.

Die Hälfte des Korianders mit dem Joghurt und 1 Prise Salz im Mixer oder Blitzhacker (Cutter) zu einer schönen glatten, kräftig grünen Sauce pürieren.

Die Tomaten-, Gurken- und Zwiebelwürfel sowie die Sprossen in eine große Schüssel geben. Mit der Tamarinden-Chutney-Sauce mischen. Mit den zerkleinerten Papadams bestreuen und mit Joghurtsauce beträufeln. Vor dem Servieren mit den restlichen Korianderblättchen garnieren.

Paprika

Der Begriff »Paprika« bezieht sich auf mehrere Sorten und Varietäten von Gemüsepaprika der Gattung *Capsicum*. Paprika gehört zur Familie der Nachtschattengewächse; da sie im Unterschied zu Chilis und Peperoncini praktisch kein Capsaicin enthalten, haben sie einen eher milden Geschmack.

Inhaltsstoffe

Paprika bestehen zu 94% aus Wasser und zu 6% aus Kohlenhydraten (hauptsächlich Zucker). Sie enthalten kaum Fett oder Eiweiß. 100 g rohe Paprika (1 mittelgroße wiegt ca. 150 g) enthalten:

- 40 kcal
- mit 140 mg fast das Anderthalbfache der empfohlenen Tagesmenge an Vitamin C, mehr als Orange und Zitrone
- Vitamin B6
- reichlich Folate

- reichlich Kalium
- Beta-Carotin (in roter Paprika), das vom Körper in Vitamin A umgewandelt wird
- zahlreiche Pflanzenstoffe: Capsanthin, Quercetin, Lutein
- eine große Menge an Ballaststoffen

Positive Wirkungen

Paprika enthalten Pflanzenstoffe mit stark antioxidativen Eigenschaften. Ihr Verzehr hilft, chronischen Krankheiten wie Herzerkrankungen und Krebs entgegenzuwirken. Ihr hoher Gehalt an Carotinoiden wirkt sich auf die Augengesundheit aus und soll vor altersbedingten Augenkrankheiten schützen.

Zubereitung und Verzehr

Roh, in Streifen geschnitten, im Salat, zum Dippen in Saucen oder auch als Teil von Gemüsesäften. Sie können auch gegrillt, gefüllt und im Ofen gebacken oder in warmen Saucen, Pastagerichten oder als Pizzabelag verwendet werden.

Sorten

Paprika gibt es in unzähligen Farben, Formen, Größen und Geschmacksnuancen.

ROTE PAPRIKA

SPITZPAPRIKA RAMIRO

GELBE PAPRIKA

ORANGE PAPRIKA

Weitere Sorten

Während die reifen Früchte rot, gelb, orange oder auch weiß sein können, sind grüne, violette oder schwarze Früchte immer unreif. Weitere Paprikasorten sind zum Beispiel:

- **WEISSE PAPRIKA:** selten angebotene Sorte, sehr frisch, passt wunderbar zu Salaten
- **VIOLETTE UNGARISCHE PAPRIKA:** reift von Dunkelviolett zu Dunkelrot; milder Geschmack
- **RAMIRO-PAPRIKA:** aus einer Kreuzung alter Sorten hervorgegangene längliche, süße rote Paprika; ausgezeichnet geeignet zum Füllen, Braten oder Grillen
- **MINI-PAPRIKA:** kleine, süße Früchte; ideal als Snack, auch in Salaten, gegrillt oder gebraten
- **CUBANELLE-PAPRIKA:** ursprünglich aus Italien stammend und dort als »Friariello di Napoli« bekannt. Diese längliche, süßliche Paprikasorte existiert in vielen Farben. Wegen ihrer dünnen Haut eignet sie sich gut zum Backen im Ofen.

Zubereitung von Paprika

Gemüse	Empfohlene Zubereitungsart	Menge für 2 Pers.	Menge für 4 Pers.	Kochgeschirr	Flüssigkeitsmenge	Salz	Öl / Butter

Im Dampf

Gemüse	Empfohlene Zubereitungsart	Menge für 2 Pers.	Menge für 4 Pers.	Kochgeschirr	Flüssigkeitsmenge	Salz	Öl / Butter
Paprika	ja	2 Paprikaschoten (rot, orange, gelb)		Dampfgarer	5 cm Flüssigkeit im Garbehälter	½ EL	1 EL Olivenöl

Im Backofen

Gemüse	Empfohlene Zubereitungsart	Menge für 2 Pers.	Menge für 4 Pers.	Kochgeschirr	Flüssigkeitsmenge	Salz	Öl / Butter
Paprika	ja	2–3 Paprikaschoten		mittelgroße Auflaufform	-	1 TL	1 EL Olivenöl

In der Pfanne

Gemüse	Empfohlene Zubereitungsart	Menge für 2 Pers.	Menge für 4 Pers.	Kochgeschirr	Flüssigkeitsmenge	Salz	Öl / Butter
Paprika	ja	2–3 Paprikaschoten (rot, orange, gelb)		große Pfanne mit hohem Rand	-	1 TL oder nach Geschmack	1 EL Olivenöl

Als Suppe

Gemüse	Empfohlene Zubereitungsart	Menge für 2 Pers.	Menge für 4 Pers.	Kochgeschirr	Flüssigkeitsmenge	Salz	Öl / Butter
Paprika	ja		6 Paprikaschoten gegrillt, dann gehäutet	großer Kochtopf	800 ml Gemüsebrühe	nach Geschmack	3 EL Olivenöl oder Butter

Weitere Zutaten	Tempe-ratur	Zuge-deckt garen	Dampf-garzeit	Anmerkungen
1 EL Sherryessig, Petersilie, geröstete Mandelblättchen	↑ mittel ↓	↑ ja ↓	↑ 7–8 Min. ↓	Beim Dampfgaren kommen die subtilen Paprikaaromen durch die Säure, hier Sherryessig, zur Geltung. Knusprige Mandelblättchen, vor dem Servieren darübergestreut, sorgen für Crunch und Textur.
↑ 1 Knoblauchknolle, Zehen ausgelöst und ungeschält angequetscht ↓	↑ 200 °C ↓	↑ nein ↓	↑ 40 Min. ↓	Ofengeröstete Paprikaschoten sind ein Genuss in Salaten oder unter Reis gemischt. Der Knoblauch soll weich und karamellisiert sein; das Fruchtfleisch zuletzt herausdrücken und zum Gericht geben.
↑ 1 Knoblauchzehe, gehackt, 1 Schuss Balsamico- oder Sherryessig ↓	↑ mittel bis stark ↓	↑ nein ↓	↑ 15 Min. ↓	Die Schoten entkernen und in Streifen schneiden. Öl in der Pfanne erhitzen, den Knoblauch darin 1 Minute anbraten, dann Paprika-schoten und Salz dazugeben. Unter gelegentlichem Rühren braten. Zum Hervorheben der Süße am Ende etwas Balsamico- oder Sherryessig hinzufügen. Die Paprikaschoten so servieren oder mit Kräutern, (gerösteten) Nüssen, Feta o. ä. garnieren.
↑ 4 Knoblauchzehen, 1 rote Zwiebel, gewürfelt, 5 getrocknete Tomaten, 1 Zitrone, zum Abschmecken ↓	↑ mittel ↓	↑ nein ↓	↑ 10 Min. ↓	Gegrillt lassen sich Paprikaschoten im Handumdrehen häuten. Falls die Zeit zum Grillen fehlt, die Paprikaschoten mit den anderen Zutaten einige Minuten anbraten, dann mit der Brühe ablöschen und gar kochen. Mit dem Stabmixer pürieren.

15 Min. / 40 Min.

Falls der Risotto zu dickflüssig ist, mit wenig Wasser verdünnen. Als luxuriöse, festliche Variante einige gegrillte Riesengarnelen dazu servieren und auf dem Risotto anrichten.

Risotto mit Pesto von grüner Paprika

Für 4 Personen
1,1 l Gemüsebrühe
100 ml Olivenöl
2 Zwiebeln, klein gewürfelt
5 Knoblauchzehen, gehackt
400 g Risottoreis
500 ml Weißwein
100 g Butter
Salz und Pfeffer
einige Basilikumblätter und Parmesan zum Servieren

Pesto
2 grüne Paprikaschoten
150 g Pistazien, geröstet
1 Knoblauchzehe
1 Zitrone, Saft
100 ml Olivenöl extra vergine
100 g Basilikumblätter
150 g Parmesan, gerieben

Für das Pesto die Paprikaschoten mit einer Zange direkt über einer Gasflamme oder unter dem heißen Backofengrill rösten, bis die Haut rundherum schwarz zu werden beginnt. Dann in eine Schüssel geben und zugedeckt abkühlen lassen.

Die Brühe sanft erhitzen.

Das Olivenöl in einem großen Topf bei mittlerer Temperatur erhitzen. Zwiebeln und Knoblauch darin 10 Minuten anbraten. Den Reis hinzufügen und 5 Minuten glasig dünsten. Mit dem Weißwein ablöschen, kurz einkochen und den Alkohol verdampfen lassen. Die heiße Brühe mit der Schöpfkelle nach und nach hinzugeben, jedes Mal abwarten, bis die Flüssigkeit vom Reis aufgesogen ist. Den Vorgang unter ständigem Rühren so lange wiederholen, bis der Reis gar, aber noch leicht bissfest ist. Die Garzeit beträgt 15 bis 20 Minuten. Den Risotto bis zum Servieren warm halten.

Für das Pesto die gegrillten Paprikaschoten häuten und entkernen. Das Fruchtfleisch mit Pistazien, Knoblauch, Zitronensaft, Olivenöl, Basilikum und Parmesan pürieren.

Die Butter unter den Risotto rühren, Pesto unterziehen und abschmecken. Mit Parmesan und Basilikumblättern bestreut servieren.

15 Min. / 40 Min.

Salat von gegrillter Paprika

Für 4 Personen
8 rote Paprikaschoten, halbiert und entkernt
1 Knoblauchknolle, Zehen ungeschält, leicht gequetscht
100 ml Olivenöl
100 g geschälte Mandeln
2 EL Weißweinessig
70 g Parmesan, gerieben
1 Bund glatte Petersilie

Den Backofen auf 200 Grad vorheizen.

Die Paprikaschoten mit dem Knoblauch und der Hälfte des Olivenöls in eine große Auflaufform oder auf ein Blech geben. Im Ofen 40 Minuten rösten, bis das Fruchtfleisch weich und die Haut runzlig und leicht schwarz ist.

Die Mandeln in einer Pfanne ohne Zugabe von Fett rösten. Sobald sie goldbraun sind, die Hälfte davon mit dem restlichen Olivenöl (50 ml), dem Essig, 2 Paprikaschoten, der Hälfte des Parmesans und der Hälfte der Petersilie im Mixer oder Blitzhacker (Cutter) zu einem glatten Pesto verarbeiten.

Das Pesto auf einer Servierplatte verteilen, die Paprikaschoten und den Knoblauch darauf anrichten, mit der Garflüssigkeit aus der Backform beträufeln. Mit Petersilienblättern, den restlichen Mandeln und Parmesan bestreuen.

Ofen-Couscous mit Paprika und Feta

Für 4 Personen

3 rote Paprikaschoten, halbiert und entkernt
100 ml Olivenöl
3 EL Rosen-Harissa
1 Knoblauchknolle, zerdrückt
200 g Couscous
1 Zitrone, abgeriebene Schale und Saft
1 Granatapfel, Kerne ausgelöst
200 g Feta, zerkrümelt
1 Handvoll Minz- und Petersilienblätter

Den Backofen auf 180 Grad vorheizen.

Die Paprikaschoten in mundgerechte Stücke schneiden und in eine kleine Auflaufform legen. Mit dem Olivenöl begießen, Harissa und Knoblauch hinzufügen und mischen. Im Ofen 15 Minuten braten, bis die Paprikastücke anfangen weich zu werden und zu karamellisieren.

Den Couscous zur Paprika in die Form geben, Zitronenabrieb und -saft hinzufügen und mit 175 ml kochendem Wasser übergießen. Die Form mit Alufolie abdecken und für weitere 10 bis 12 Minuten in den Ofen stellen. Die Form aus dem Ofen nehmen und den Couscous mit einer Gabel auflockern.

Mit Granatapfelkernen, Feta, Minze und Petersilie bestreuen. Sofort servieren.

TIPP

Mais, Käse, Croûtons, gehackte Tomaten – bei den Garnituren gibt es viel Spielraum; sie passen alle wunderbar zu dieser samtigen Suppe. Und wie wär's mit gebratenen Süßkartoffeln oder Hühnerfleisch als Zugabe?

Rote-Paprika-Suppe

Für 4 Personen

6 normale rote Paprika-
schoten oder Spitz-
paprika, entkernt und
gehackt
4 Knoblauchzehen,
geschält, ganz belassen
50 ml Olivenöl
1 rote Zwiebel, gewürfelt
5 getrocknete Tomaten
1 Zitrone, abgeriebene
Schale und Saft
800 ml Gemüsebrühe
Salz und Pfeffer
1–2 EL Basilikumpesto
und geriebener Parmesan
zum Servieren

Den Backofen auf 200 Grad vorheizen.

Paprika und Knoblauchzehen in eine Auflaufform geben. Mit einem Schuss Olivenöl beträufeln, salzen und pfeffern. Im Ofen 40 Minuten backen, bis die Paprikastücke leicht geröstet sind.

Das restliche Olivenöl in einem großen Topf mit dickem Boden bei mittlerer Temperatur erhitzen und die Zwiebel darin so lange braten, bis sie weich ist und zu karamellisieren beginnt. Die ofen-gerösteten Paprikastücke mitsamt dem Saft aus der Auflaufform, getrocknete Tomaten und Zitronensaft hinzufügen. Mit der Gemüse-brühe aufgießen, aufkochen, dann die Temperatur reduzieren und 10 Minuten köcheln lassen. Den Topf von der Herdplatte neh-men und die Suppe mit dem Stabmixer pürieren.

Die Suppe in Suppenschalen anrichten. Etwas Pesto, einen Schuss Olivenöl, Zitronenabrieb und geriebenen Parmesan hinzufügen.

Blumenkohl

Blumenkohl ist eine Zuchtsorte des Gemüsekohls, einer formenreichen Art aus der Familie der Kreuzblütler (*Brassicaceae*). Gegessen wird nur der Kopf, der Blütenstand der Pflanze mit den weißen »Röschen«, und die nicht holzigen Teile der Stängel.

Inhaltsstoffe

Mit nur 5 g Kohlenhydraten pro 100 g ist Blumenkohl bei einer kohlenhydrat-reduzierten Ernährung besonders interessant als Ersatz für Getreide oder bestimmte Gemüsesorten. 100 g roher Blumenkohl enthalten:

- 28 kcal
- 2 g Eiweiß
- zwei Drittel der empfohlenen Tagesmenge an Vitamin C
- nahezu die gesamte empfohlene Tagesmenge an Vitamin K (57 µg)
- Ballaststoffe
- die Antioxidantien Indol-3-Carbinol und Sulforaphan
- eine große Anzahl an Mineralstoffen: Calcium, Magnesium, Kalium, Phosphor

Positive Wirkungen

Blumenkohl ist reich an Ballaststoffen und Wasser (92%) und damit ein wert-voller Verbündeter gegen Verstopfung. Ballaststoffe sind nicht nur gut für die Verdauung, sondern sollen auch das Risiko für entzündliche Krankheiten, Herz-Kreislauf-Erkrankungen, Diabetes oder Krebs senken. Sein hoher Gehalt an den Antioxidantien Sulforaphan und Indol-3-Carbinol soll helfen, Zell-mutationen zu verhindern und die Risiken und das Fortschreiten bestimmter Krebsarten reduzieren.

Zubereitung und Verzehr

Blumenkohl wird heutzutage in gesunden, ausgewogenen Rezepten oft als Getreideersatz verwendet. Im Mixer oder Blitzhacker (Cutter) zu Reiskorngröße zerkleinern und in verschiedenen Gerichten oder als Pizzateig-ersatz verwenden. Man kann Blumenkohl roh als Carpaccio verwenden, im Ofen backen, dünsten, dampfgaren, in Currys geben oder mit Käse überbacken als Auflauf.

Sorten

Blumenkohl wird in 4 Hauptarten unterteilt, von denen es jeweils zahlreiche Sorten und Varietäten gibt. Farbige Sorten haben einen intensiveren Geschmack und einen höheren Vitamin- und Nährstoffgehalt. Nach der Farbe unterscheidet man:

WEISS

GELBORANGE

VIOLETT

ROMANESCO

Weitere Sorten

Neben dem im Handel dominierenden weißen Blumenkohl, der Resultat intensiver Züchtungsarbeit ist, geht heute der Trend eher in Richtung Vielfalt. Dazu zählen etwa:

- **ROMANESCO:** Diese limettenfarbene Variante mit den dekorativ spiral- und türmchenförmig angeordneten Röschen ist vitaminreicher, knackiger und aromatischer als der klassische weiße Blumenkohl.
- **ORANGER BLUMENKOHL:** besitzt wie Karotten einen hohen Gehalt an Beta-Carotin.
- **VIOLETTER BLUMENKOHL:** Damit die Farbe beim Kochen nicht verloren geht (sich gräulich verfärbt), nur über Dampf garen oder einen Schuss Essig ins Kochwasser geben.
- **SCHNEEBALL:** Wintersorte mit makellos schneeweißen Röschen.
- **GRAFITTI:** Diese purpur-violette Sorte ist eine neuere Züchtung, die beim Kochen etwas heller wird, aber ihre lila Farbe behält.

Zubereitung von Blumenkohl

Gemüse	Empfohlene Zuberei-tungsart	Menge für 2 Pers.	Menge für 4 Pers.	Kochgeschirr	Flüssig-keitsmenge	Salz	Öl / Butter

Im Dampf

Gemüse	Empfohlene Zubereitungsart	Menge für 2 Pers.	Menge für 4 Pers.	Kochgeschirr	Flüssigkeitsmenge	Salz	Öl / Butter
Blumenkohl	ja	½ großer Blumenkohl	1 großer Blumenkohl	Dampfgarer	5 cm Flüssigkeit im Garbehälter	½ EL	1 EL Butter

Im Backofen

Gemüse	Empfohlene Zubereitungsart	Menge für 2 Pers.	Menge für 4 Pers.	Kochgeschirr	Flüssigkeitsmenge	Salz	Öl / Butter
Blumenkohl	ja	½ großer Blumenkohl	1 großer Blumenkohl	mittelgroße Auflaufform	-	1 TL	1 EL Öl oder Butter

In der Pfanne

Gemüse	Empfohlene Zubereitungsart	Menge für 2 Pers.	Menge für 4 Pers.	Kochgeschirr	Flüssigkeitsmenge	Salz	Öl / Butter
Blumenkohl	ja	½ großer Blumenkohl	1 großer Blumenkohl	große beschichtete Pfanne	-	½ TL	2 EL Pflanzenöl, Erdnussöl oder Ghee

Als Suppe

Gemüse	Empfohlene Zubereitungsart	Menge für 2 Pers.	Menge für 4 Pers.	Kochgeschirr	Flüssigkeitsmenge	Salz	Öl / Butter
Blumenkohl	ja	½ Blumenkohl in Röschen	1 Blumenkohl in Röschen	großer Kochtopf	0,5 bzw. 1 l Gemüse- oder Hühnerbrühe	nach Geschmack	1 EL Olivenöl

Als »Reis«

Gemüse	Empfohlene Zubereitungsart	Menge für 2 Pers.	Menge für 4 Pers.	Kochgeschirr	Flüssigkeitsmenge	Salz	Öl / Butter
Blumenkohl	ja	1 großer Blumenkohl	2 Köpfe Blumenkohl	-	-	nach Geschmack	-

Weitere Zutaten	Temperatur	Zugedeckt garen	Dampfgarzeit	Anmerkungen
2 EL fein gehackte Kräuter (Petersilie, Schnittlauch, Thymian, Minze usw.)	↑ mittel ↓	↑ ja ↓	↑ 6–7 Min. ↓	Blumenkohl in große Röschen zerteilen, zarte Strunkteile fein schneiden. Nach dem Garen mit Butter, Salz, Pfeffer und Kräutern verfeinern.
	↑ 180 °C ↓	↑ nein ↓	↑ 30 Min. ↓	Röschen 30 Minuten im Ofen backen. Schöne Blätter können, mundgerecht zerteilt, zum Schluss 10 Minuten mitgebacken werden, um daraus Chips, ähnlich wie Grünkohl-Chips, zu machen.
1 TL gemahlene Gewürze (Kreuzkümmel, Koriander, Kurkuma), Saft von 1 Zitrone, Chiliflocken und gehackte Petersilie	↑ mittel bis stark ↓	↑ nein ↓	↑ 15 Min. ↓	Blumenkohl in kleine Röschen zerteilen. In heißem Öl oder Ghee anbraten, bis sie gar und leicht gebräunt sind. Gewürze und Salz hinzufügen und 5 Minuten weiterbraten. Den Zitronensaft hinzugießen, abschmecken, mit Chiliflocken und Petersilie bestreuen.
1 kleine Zwiebel, gewürfelt, 1 Knoblauchzehe, zerdrückt, gemahlener Kreuzkümmel und Koriander, 150 ml Rahm (Sahne)	↑ mittel ↓	↑ nein ↓	↑ 20–30 Min. ↓	Zwiebel im heißen Öl anbraten, den Knoblauch 1 Minute mitdünsten. Gewürze und Blumenkohlröschen hinzufügen und unter Rühren einige Minuten andünsten. Mit Brühe aufgießen und 8–10 Minuten köcheln lassen. Mit dem Stabmixer pürieren. Rahm (Sahne) darunterrühren.
Nicht unbedingt nötig; man kann aber fein gehackte Kräuter, gemahlene Gewürze oder Zitronenabrieb hinzugeben.	↑ - ↓	↑ - ↓	↑ - ↓	Blumenkohl in der Küchenmaschine (Blitzhacker/Cutter) zu Reiskorngröße hacken. Direkt so verwenden oder in der Pfanne 1–2 Minuten in etwas Öl oder Butter anbraten; auch gut in Pfannengerichten oder Currys verwendbar.

TIPP

Für eine vegane Variante die Hühnerbrühe durch Gemüsebrühe, die Butter durch Olivenöl ersetzen und den Parmesan weglassen.

glutenfrei, nussfrei

Blumenkohl-Steaks mit Polenta und Salbei

Für 4 Personen

1 großer Blumenkohl oder
2 kleine
100 ml Olivenöl
1 Zitrone, abgeriebene
Schale und Saft
5 Knoblauchzehen,
geschält und zerdrückt
100 g Kapern, abgetropft
Salz und Pfeffer

Polenta

800 ml Vollmilch
500 ml Hühnerbrühe
250 g Instant-Polenta
(vorgegarter Maisgrieß)
150 g Parmesan, gerieben
50 ml Olivenöl

Zum Servieren

3 EL Olivenöl
1 Bund Salbei
geriebener Parmesan
zum Servieren

Den Blumenkohl in Scheiben von 3 cm Dicke schneiden. Die Blumenkohlscheiben in eine große Auflaufform legen, mit dem Olivenöl begießen, Zitronenabrieb und -saft, Knoblauch und Kapern darüber verteilen. Mit Salz und Pfeffer würzen. Im Ofen 20 Minuten backen, dann die Scheiben wenden und weitere 20 Minuten backen.

Eine Viertelstunde vor Ende der Garzeit der Blumenkohlsteaks für die Polenta Milch und Brühe in einem großen Topf zum Kochen bringen. Die Polenta einrieseln lassen und 10 bis 12 Minuten kochen, dabei ständig rühren, bis eine glatte, cremige Konsistenz erreicht ist. Den Parmesan und das Olivenöl unterrühren und abschmecken.

In einer großen Pfanne bei mittlerer Temperatur Olivenöl erhitzen. Die Salbeiblätter 3 Minuten knusprig braten. Leicht salzen.

Die Polenta auf Teller verteilen. Die Blumenkohlsteaks darauf anrichten. Mit Salbeiblättern und Parmesan bestreuen.

VORBEREITEN / KOCHEN

10 Min. / 30 Min.

TIPP

vegetarisch, nussfrei

Zusammen mit Süßkartoffel-Pommes (Seite 94)
und Huhn mit 40 Knoblauchzehen (Seite 176)
wird daraus ein wahres Festmahl.

Blumenkohl-Buffalo-Wings

**Für 4 Personen
(als Beilage)**

1 großer Blumenkohl,
Blätter entfernt, in große
Röschen zerteilt
1 TL Paprikapulver, mild
1 TL Knoblauchpulver
100 g Mehl
5 EL Reismehl
½ TL Backpulver
200 ml Mineralwasser
150 ml scharfe BBQ-
Sauce
100 g Butter
2 Selleriestangen, samt
zarten Blättern fein
geschnitten
Salz und Pfeffer

Den Backofen auf 200 Grad vorheizen. Eine große Auflaufform
oder ein Blech mit Backpapier auslegen.

Den Blumenkohl mit Paprika, Knoblauchpulver, Salz und Pfeffer
in einer großen Schüssel gut vermischen.

In einer zweiten Schüssel Mehl, Reismehl, Backpulver und Mineralwasser zu einem dickflüssigen Teig (wie für Pfannkuchen)
verrühren. Diese Masse über die Blumenkohlröschen gießen
und gut mischen, sodass alle Röschen rundum mit dem Teig
überzogen sind.

In die Auflaufform oder auf dem Blech mit genügend Abstand
zueinander verteilen. Im Ofen 30 Minuten backen und von Zeit
zu Zeit wenden, bis die Blumenkohlröschen goldbraun und
knusprig sind.

Die BBQ-Sauce in einem kleinen Topf erhitzen. Sobald sich die
ersten Bläschen bilden, die Butter hinzufügen und einige Minuten
unter ständigem Rühren köcheln lassen, bis die Sauce dickflüssig
und glänzend ist.

Den Blumenkohl anrichten, mit der Sauce übergießen. Mit dem fein
geschnittenen Sellerie und Sellerieblättchen bestreuen.

vegetarisch, glutenfrei, nussfrei

Eine größere Menge Blumenkohlreis zubereiten. Im Kühlschrank lässt er sich in einem luftdicht verschlossenen Behälter bis zu 1 Woche aufbewahren: ideal für ein schnelles Abendessen.

Gebratener Blumenkohlreis

Für 2 Personen

1 Blumenkohl, große
äußere Blätter entfernt
1 Bund Koriander,
Blättchen abgezupft,
Stängel klein gehackt
5 Knoblauchzehen,
geschält
1 Stück Ingwer (6 cm),
geschält und gerieben
2 grüne Chilis, entkernt
und grob gehackt
4 EL Ghee
200 g grüne Bohnen,
halbiert
2 große Eier
Minzblätter zum
Garnieren
1 Limette, halbiert
oder geviertelt,
nach Wunsch

Den Blumenkohl in grobe Stücke schneiden, die holzigen Teile des Strunks entfernen. Den Blumenkohl im Blitzhacker (Cutter) zu Reiskorngröße verarbeiten und in eine Schüssel umfüllen.

Nun die Korianderblättchen und -stängel, Knoblauch, Ingwer, Chilis und die Hälfte des Ghees im Blitzhacker zu einer glatten hellgrünen Paste pürieren.

1 Esslöffel Ghee in einer großen Pfanne bei starker Temperatur erhitzen. Den Blumenkohlreis darin 5 Minuten anbraten, dabei die Pfanne gelegentlich rütteln, bis der Reis leicht gebräunt ist. Die grüne Paste und die grünen Bohnen hinzufügen und weitere 3 Minuten garen.

Das restliche Ghee in einer zweiten Pfanne stark erhitzen und die Spiegeleier darin braten.

Den Blumenkohlreis auf Tellern anrichten, mit dem Spiegelei belegen und mit Minzblättchen garnieren. Nach Wunsch zum Beträufeln ein Stück Limette dazu reichen.

TIPP

Dazu mit Kurkuma oder Ingwer gewürzte gebackene Frühkartoffeln, Raita (indischer Joghurtdip) und Fladenbrot servieren.

vegetarisch, glutenfrei, nussfrei

Gebackener Tandoori-Blumenkohl

Für 4 Personen
400 g Naturjoghurt
2 weiße Zwiebeln,
geschält
5 Knoblauchzehen,
geschält
1 Stück Ingwer (6 cm),
geschält
2 grüne Chilis,
fein geschnitten
3 EL Tandoori-Paste
1 Zitrone
1 großer Blumenkohl,
mit schönen Blättern
1 große Handvoll Korian-
der und Minze
Salz

Den Backofen auf 190 Grad vorheizen.

Joghurt, Zwiebeln, Knoblauch, Ingwer, Chilis, Tandoori-Paste, Saft der halben Zitrone und 1 Teelöffel Salz im Blitzhacker (Cutter) zu einer glatten Masse pürieren. Das Fruchtfleisch der anderen Zitronenhälfte fein hacken und in die Sauce geben.

Den Strunk des Blumenkohls großzügig kreuzweise einschneiden, beschädigte oder unschöne Blätter wegwerfen. Den Blumenkohl in einen ofenfesten Schmortopf mit dickem Boden legen; die Größe so wählen, dass er den Topf fast komplett ausfüllt. Mit der Tandoori-Sauce übergießen, sodass die Oberfläche des Blumen-kohls vollständig damit bedeckt ist. Falls die Zeit reicht, über Nacht marinieren lassen.

Den Blumenkohl zugedeckt 1 Stunde im Backofen garen. Die Ofentemperatur auf 250 Grad erhöhen und die letzten 20 Minuten ohne Deckel überbacken.

Den Blumenkohl mit der im Topf verbliebenen Sauce beträufeln und mit Koriander- und Minzblättchen bestreut servieren.

VORBEREITEN/KOCHEN

15 Min. / 1 Std. 10 Min.

TIPP

vegetarisch

Dieser Auflauf passt zusammen mit Kartoffeln und grünem gedämpftem Gemüse zum Sonntagsbraten oder zu einem köstlichen, saftigen Brathühnchen.

Blumenkohlauflauf

Für 4–6 Personen
100 g Butter
6 Knoblauchzehen,
fein geschnitten
100 g Mehl
800 ml Vollmilch
150 g reifer Cheddar
oder anderer kräftiger
Käse
1 kg Blumenkohl, in
große Röschen zerteilt
150 g altbackenes
Sauerteig- oder Weißbrot
½ Bund Thymian, Blätter
abgezupft
50 g Haselnüsse
50 g Butter
Salz und Pfeffer

Den Backofen auf 180 Grad vorheizen.

100 g Butter in einem kleinen Topf bei mittlerer Hitze schmelzen. Den Knoblauch darin 2 Minuten knusprig braten. Mit einem Schaumlöffel herausheben und auf einen Teller legen.

Das Mehl in die mit Knoblauch aromatisierte Butter streuen und 1 Minute zu einer glatten Masse rühren. Dann die Milch nach und nach einrühren, bis eine klumpenfreie Béchamelsauce entstanden ist. Die Hälfte des Käses reiben, zur Sauce geben und diese mit Salz und Pfeffer abschmecken. Den Topf von der Herdplatte nehmen.

Die Blumenkohlröschen in eine 20×30 cm große Auflaufform legen und mit der Käsesauce begießen.

Das altbackene Brot im Blitzhacker zu Bröseln verarbeiten. Thymianblätter, Haselnüsse, den knusprig gebratenen Knoblauch und 50 g Butter hinzufügen, würzen und nochmals kurz durchmixen. Die Bröselmischung über den Blumenkohl streuen und diesen im Ofen 1 Stunde backen. Er soll gut durchgegart und die Oberfläche goldbraun und knusprig sein.

Register

A

Alfalfa 180, 181, 185
Alfalfasprossen-Salat mit geröstetem Mais 188
Alfalfasprossen-Salat mit Grünkohl und Kichererbsen 190

Apfel: Rote-Bete-Saft zum Frühstück 112

Avocado
Mexikanische Süßkartoffelsuppe 90
Schwarze-Bohnen-Suppe mit Grünkohl, Avocado und Feta 42

B

Blumenkohl 208 ff.
Blumenkohlauflauf 220
Blumenkohl-Buffalo-Wings 214
Blumenkohl-Steaks mit Polenta und Salbei 212
Gebackener Tandoori-Blumenkohl 218
Gebratener Blumenkohlreis 216

Bohnen
Gebratener Blumenkohlreis 216
Schwarze-Bohnen-Suppe mit Grünkohl, Avocado und Feta 42

Brokkoli 46 ff.
Brokkoli-Frittata mit Blauschimmelkäse 58
Brokkoli-Pizza mit Fenchelwurst 62
Gebratener Brokkolireis auf thailändische Art 54
Gerösteter Sprossenbrokkoli mit Joghurtdressing und Salzzitrone 60
Roher Brokkolisalat 52

Broccolini 47
Gegrillter Broccolinisalat mit Romescosauce 56
Knuspriger Broccolini auf asiatische Art 50

Brunnenkresse 10 ff.
Brunnenkresse-Erbsen-Salat mit Burrata 22
Brunnenkressesuppe mit geröstetem Knoblauch und Croûtons 20
Filoteigpastete mit Spinat, Kresse und Feta 16

C

Chili
Eingelegte Chilischoten 144
Süßsauer eingemachte Rote Bete mit Chili 138

Couscous, Ofen-, mit Paprika und Feta 204

D

Dattel: Grünkohlsalat mit Datteln und Tahini-Dressing 34

E

Ei
Brokkoli-Frittata mit Blauschimmelkäse 58
Erbsen-Spargel-Tarte 76
Gebratener Blumenkohlreis 216
Grünkohl-Tomaten-Pfanne mit Ei 36
Karotten-Rösti mit pochiertem Ei und Spinat 124
Lauwarmer Grünkohlsalat mit pochiertem Ei und Haselnüssen 38
Rote-Bete-Falafel 106
Rote-Bete-Schokoladen-Brownies 104
Filoteigpastete mit Spinat, Kresse und Feta 16
Spinat-Ricotta-Muffins 14
Süßkartoffel-Feta-Muffins 92
Süßkartoffel-Rösti mit Spiegelei und gegrillten Tomaten 86
Würziger Karottenkuchen 118

Erbsen 64 ff.
Brunnenkresse-Erbsen-Salat mit Burrata 22
Erbsen-Kerbel-Suppe mit Pancetta-Chips 70
Erbsen-Lachs-Frikadellen mit Misosauce 72
Erbsensalat mit Burrata 68
Erbsen-Spargel-Tarte 76
Keema mit Erbsen 74
Wasabi-Erbsen 78
Zwiebeltarte 166

F

Fermentiertes Gemüse 132 ff.
Eingelegte Chilischoten 144

Eingelegtes Gemüse 142
Eingelegte Schalotten mit Zitrone und Rosmarin 136
Karotten-Kimchi mit Kurkuma 140
Sauerkraut 146
Süßsauer eingemachte Rote Bete mit Chili 138

G

Grünkohl 28 ff.
Alfalfasprossen-Salat mit Grünkohl und Kichererbsen 190
Grünkohl-Tomaten-Pfanne mit Ei 36
Grünkohl-Chips mit Gewürzsalz 32
Grünkohl-Kichererbsen-Eintopf mit Kokosmilch 44
Grünkohlsalat mit Datteln und Tahini-Dressing 34
Lauwarmer Grünkohlsalat mit pochiertem Ei und Haselnüssen 38
Quinoa-Grünkohl-Puffer 40
Schwarze-Bohnen-Suppe mit Grünkohl, Avocado und Feta 42

H

Huhn/Pute
Asiatischer Süßkartoffelsalat 84
Huhn mit 40 Knoblauchzehen 176
Schneller Spinat-Reis mit Huhn 26
Thai-Karottensalat 126

I

Ingwer
Karotten-Sellerie-Ingwer-Saft 128
Rote-Bete-Saft zum Frühstück 112

J

Joghurt
Alfalfasprossen-Salat mit geröstetem Mais 188
Gebackene Beten mit Betenblätterpesto 100

Gerösteter Sprossenbrokkoli mit Joghurtdressing und Salzzitrone 60
Indischer Spinatsalat mit würziger Joghurtsauce 24
Roher Brokkolisalat 52
Würziger Karottenkuchen 118

K

Kartoffel: Karotten-Rösti 124

Käse/Frischkäse
Alfalfasprossen-Salat mit geröstetem Mais 188
Blumenkohlauflauf 220
Brokkoli-Frittata mit Blauschimmelkäse 58
Brunnenkresse-Erbsen-Salat mit Burrata 22
Erbsensalat mit Burrata 68
Erbsen-Spargel-Tarte 76
Indisches Curry mit Spinat und Paneer 18
Karotten-Rösti 124
Ofen-Couscous mit Paprika und Feta 204
Ofengeröstete Karotten mit Polenta und grüner Sauce 120
Quinoa-Grünkohl-Puffer 40
Salat von gegrillter Paprika 202
Schwarze-Bohnen-Suppe mit Grünkohl, Avocado und Feta 42
Filoteigpastete mit Spinat, Kresse und Feta 16
Spinat-Ricotta-Muffins 14
Süßkartoffel-Feta-Muffins 92
Süßkartoffel-Gnocchi in Salbeibutter 88

Karotte 114 ff.
Karotten-Kimchi mit Kurkuma 140
Karotten-Rösti mit pochiertem Ei und Spinat 124
Karotten-Sellerie-Ingwer-Saft 128
Ofengeröstete Karotten mit Polenta und grüner Sauce 120
Rohe Karottennudeln 122
Rote-Bete-Saft zum Frühstück 112
Sri-lankisches Karotten-Curry mit Kokosmilch 130
Thai-Karottensalat 126
Würziger Karottenkuchen 118

Keimlinge siehe Sprossen

Kichererbsen
Brunnenkressesuppe mit geröstetem Knoblauch und Croûtons 20
Grünkohl-Kichererbsen-Eintopf mit Kokosmilch 44
Indischer Spinatsalat mit würziger Joghurtsauce 24
Rote-Bete-Falafel 106

Knoblauch 162 ff.
Asiatischer Süßkartoffelsalat 84
Brunnenkressesuppe mit geröstetem Knoblauch und Croûtons 20
Huhn mit 40 Knoblauchzehen 176
Knoblauch-Mandel-Suppe 174
Konfierter Knoblauch 168
Ofengeröstete Karotten mit Polenta und grüner Sauce 120
Salat von gegrillter Paprika 202
Zwiebel-Knoblauch-Bhajis 178
Zwiebel-Knoblauch-Risotto 170

Kohl: Sauerkraut 146

Kokosnuss
Grünkohl-Kichererbsen-Eintopf mit Kokosmilch 44
Sri-lankisches Karotten-Curry mit Kokosmilch 130
Tomaten-Zitronen-Curry 156

Kürbis: Lauwarmer Grünkohlsalat mit pochiertem Ei und Haselnüssen 38

L
Lachs
Erbsen-Lachs-Frikadellen mit Misosauce 72
Rote-Bete-Graved-Lachs 110

M
Mais: Alfalfasprossen-Salat mit geröstetem Mais 188
Mungobohne: Indischer Mungobohnensprossen-Salat 194

N
Nudeln/Pasta: One-Pot-Tomatenspaghetti 160
Nüsse
Blumenkohlauflauf 220
Filoteigpastete mit Spinat, Kresse und Feta 16

Gebackene Beten mit Betenblätterpesto 100
Gebratener Brokkolireis auf thailändische Art 54
Gegrillter Broccolinisalat mit Romescosauce 56
Grünkohlsalat mit Datteln und Tahini-Dressing 34
Knoblauch-Mandel-Suppe 174
Lauwarmer Grünkohlsalat mit pochiertem Ei und Haselnüssen 38
Risotto mit Pesto von grüner Paprika 200
Salat von gegrillter Paprika 202
Thailändischer Sprossensalat mit Cashewkernen 192
Würziger Karottenkuchen 118

P
Paprika 196 ff.
Gegrillter Broccolinisalat mit Romescosauce 56
Ofen-Couscous mit Paprika und Feta 204
Risotto mit Pesto von grüner Paprika 200
Rote-Paprika-Suppe 206
Salat von gegrillter Paprika 202
Tomaten-Gazpacho 154

Polenta
Blumenkohl-Steaks mit Polenta und Salbei 212
Ofengeröstete Karotten mit Polenta und grüner Sauce 120
Süßkartoffel-Pommes mit Polenta und Rosmarin 94

Q
Quinoa
Power Bowl 186
Quinoa-Grünkohl-Puffer 40

R
Reis
Gebratener Brokkolireis auf thailändische Art 54
Ofengebackene Zwiebeln auf persische Art 172
Risotto mit Pesto von grüner Paprika 200
Schneller Spinat-Reis mit Huhn 26
Zwiebel-Knoblauch-Risotto 170

Rind: Keema mit Erbsen 74
Rote und andere Bete 96 ff.
Gebackene Beten mit Betenblätterpesto 100
Power Bowl 186
Rote bunter Betensalat 102
Rote-Bete-Falafel 106
Rote-Bete-Graved-Lachs 110
Rote-Bete-Hummus mit Zitrone 108
Rote-Bete-Saft zum Frühstück 112
Rote-Bete-Schokoladen-Brownies 104
Süßsauer eingemachte Rote Bete mit Chili 138

S
Schokolade: Rote-Bete-Schokoladen-Brownies 104
Schwein
Brokkoli-Pizza mit Fenchelwurst 62
Erbsen-Kerbel-Suppe mit Pancetta-Chips 70
Sellerie: Karotten-Sellerie-Ingwer-Saft 128
Spargel: Erbsen-Spargel-Tarte 76
Spinat 10 ff.
Filoteigpastete mit Spinat, Kresse und Feta 16
Indischer Spinatsalat mit würziger Joghurtsauce 24
Indisches Curry mit Spinat und Paneer 18
Schneller Spinat-Reis mit Huhn 26
Spinat-Ricotta-Muffins 14
Sprossen/Keimlinge 180 ff.
Alfalfasprossen-Salat mit geröstetem Mais 188
Alfalfasprossen-Salat mit Grünkohl und Kichererbsen 190
Indischer Mungobohnensprossen-Salat 194
Power Bowl 186
Thailändischer Sprossensalat mit Cashewkernen 192
Süßkartoffel 80 ff.
Asiatischer Süßkartoffelsalat 84
Mexikanische Süßkartoffelsuppe 90

Süßkartoffel-Feta-Muffins 92
Süßkartoffel-Gnocchi in Salbeibutter 88
Süßkartoffel-Pommes mit Polenta und Rosmarin 94
Süßkartoffel-Rösti mit Spiegelei und gegrillten Tomaten 86

T
Tomate 148 ff.
Grünkohl-Tomaten-Pfanne mit Ei 36
Keema mit Erbsen 74
Konfierte Tomaten 152
Ofengebackene Zwiebeln auf persische Art 172
One-Pot-Tomatenspaghetti 160
Panzanella 158
Rote-Paprika-Suppe 206
Süßkartoffel-Rösti mit Spiegelei und gegrillten Tomaten 86
Tomaten-Gazpacho 154
Tomaten-Zitronen-Curry 156

W
Wurst: Brokkoli-Pizza mit Fenchelwurst 62

Z
Zitrone
Eingelegte Schalotten mit Zitrone und Rosmarin 136
Gebackener Tandoori-Blumenkohl 218
Gerösteter Sprossenbrokkoli mit Joghurtdressing und Salzzitrone 60
Rote-Bete-Hummus mit Zitrone 108
Tomaten-Zitronen-Curry 156
Zwiebel 162 ff.
Eingelegte Schalotten mit Zitrone und Rosmarin 136
Ofengebackene Zwiebeln auf persische Art 172
Zwiebel-Knoblauch-Bhajis 178
Zwiebel-Knoblauch-Risotto 170
Zwiebeltarte 166

Dank

Wie bei jedem Buch wäre auch dieses ohne Team nicht möglich gewesen. Zuallererst möchte ich Cathie Ziller dafür danken, dass sie weiterhin an meine Fähigkeit, ein gutes Kochbuch zu schreiben, glaubt. Danke, dass du immer am Ball bist und mir bei jedem Schritt zur Seite stehst. Ich freue mich schon auf unsere nächste Zusammenarbeit.

Danke an Issy Crocker, meine talentierte Freundin. Ich bin dir sehr dankbar dafür, dass du alle meine Rezepte probierst. Deine Meinung ist mir wichtig. Und deine Fotos sind wie immer unglaublich schön.

Dafür, dass sie mir immer zur Seite stehen, geht mein Dank an Saskia, Kitty, Amber und Daniella, meine unglaublichen Küchenassistentinnen, die all die langen Shootingtage durchgehalten haben – ihr wart einfach toll. Danke auch an das Narroway Studio, dessen großartige Räumlichkeiten ich wieder einmal fast drei Wochen lang ununterbrochen nutzen durfte. Ich kenne kein besseres Fotostudio.

Kathy Steer, danke, dass du eine so starke und engagierte Verlegerin bist. Mit deiner Hilfe werden meine Rezepte absolut gelingsicher, und dafür bin ich dir sehr dankbar. Deine Herzlichkeit ist eine echte Wohltat, und deine Unterstützung bedeutet mir sehr viel.

Michelle danke ich für ihre gelungene grafische Gestaltung. Ein gutes Grafikdesign ist für ein Kochbuch enorm wichtig; mit dir ist alles so einfach.

Ein Dankeschön geht auch an Rushton, meinen unglaublichen Obst- und Gemüsehändler, der meine vielen Nachfragen nach bestimmten Sorten vermutlich bald satt hatte, aber doch immer mitgezogen hat.

Die Originalausgabe dieses Buches ist unter dem Titel »Le guide Marabout des super légumes« 2020 bei Hachette Livres (Marabout), Vanves Cedex, erschienen.

Aus dem Französischen übersetzt von Andrea Otzen

© 2021
AT Verlag AG, Aarau und München
Lektorat: AT Verlag
Fotos: Issy Crocker
Fotoassistenz: Saskia Sidey und Kitty Coles
Grafische Gestaltung: Michelle Tilly
Druck und Bindearbeiten: Toppan Leefung, China

ISBN 978-3-03902-125-3
www.at-verlag.ch

Der AT Verlag wird vom Bundesamt für Kultur für die Jahre 2021–2024 unterstützt.